公共図書館を育てる

永田治樹
Nagata Haruki

青弓社

公共図書館を育てる　目次

カバー写真――表：ストックホルム市立図書館（スウェーデン）、裏：リバプール中央図書館（イギリス）
装丁――山田信也［ヤマダデザイン室］

まえがき

二十一世紀になって二十年あまりがすでに経過した。前世紀後半のたたずまいの図書館も少なくないが、日本の公共図書館はそのサービスの風景を変えつつある。人々のライフスタイルに沿った開館時間が設定され、明るく気持ちがいい設備の図書館も増えた。カフェなどが導入されて、いわゆる「サードプレイス」としての心地よいまちづくりに貢献している例もある。

図書館統計をみると、日本の公共図書館は高度経済成長期のあと一九七〇年代以降に急速に拡大し、バブル経済崩壊を経ても、全体としては予算・利用数などは緩やかな右肩上がりが続いた。しかし、二〇一二年にこの傾きは反転した。公共財政の逼迫に押されて図書館予算が削減され、そのあとサービス量（貸出数）も下降しはじめた（資料予算は一九九九年から下降しはじめ、二〇一九年までに約二〇％の下落、貸出サービス量は一二年から一九年までに約四％の下降）。右肩上がりの経済成長は望めず、財政の逼迫の流れのなかで、公共図書館もこのような状況に陥ることは必然だったといえるだろう。

二〇一二年の反転が判明したとき、衝撃を受けた人がいなかったわけではないだろう。しかし、こうした状況がなぜ出現したか、またそのあとどのように進展するのかは残念ながら分析されなかった。

海外に目を移すと、このような衰勢に早くから敏感に反応した国もある。例えば、イギリスでは、デジタル・文化・メディア・スポーツ省がイングランドの系統的調査を発表している。(1) 芸術・文化活動、歴史遺産、博物館・美術館、公共図書館を並べて、それぞれへの訪問・利用などについて二〇〇五年六月以降の趨勢を追った調査では、ほかの社会機関への訪問者数が横ばいか博物館・美術館のように伸びているものもあるなか、公共図書館に関しては〇五年当時は人口の四八％の来館者を擁していたのに、一四年には三四％にまで下降したことを示した。公共財政の悪化とともに大胆な予算削減がおこなわれ、ほとんどは分館などではあるが、この十年で八百館以上に及ぶ衝撃的な数の図書館が閉館になった。第七年次調査（二〇一一年十二月）からは統計数値だけでなくインタビュー調査を含めて、図書館利用の減少を解明していて、その第一の事由としては、人々の自由時間の減少（二五％）が挙げられ、図書を図書館以外で入手するようになったこと（一七％）、電子図書を読むようになったこと（一二％）が続くという。

これに加えて、イギリス勅許公共財務会計協会（ＣＩＰＦＡ：Chartered Institute of Public Finance and Accountancy）の統計を使った分析もある。ジョアン・オブライエンが図書館タスクフォース（二〇一四年のイギリスのデジタル・文化・メディア・スポーツ省の報告(2)の勧告に基づいて設置されたイングランドの公共図書館のための振興組織）の支援を受けておこなったものである。(3)

それによれば、図1に示すように、イングランドの二〇〇六年からの十年間の歳出・来館数・貸出数の推移はすべて右肩下がりであることは前述のとおりである。しかし、この間の変化割合を五

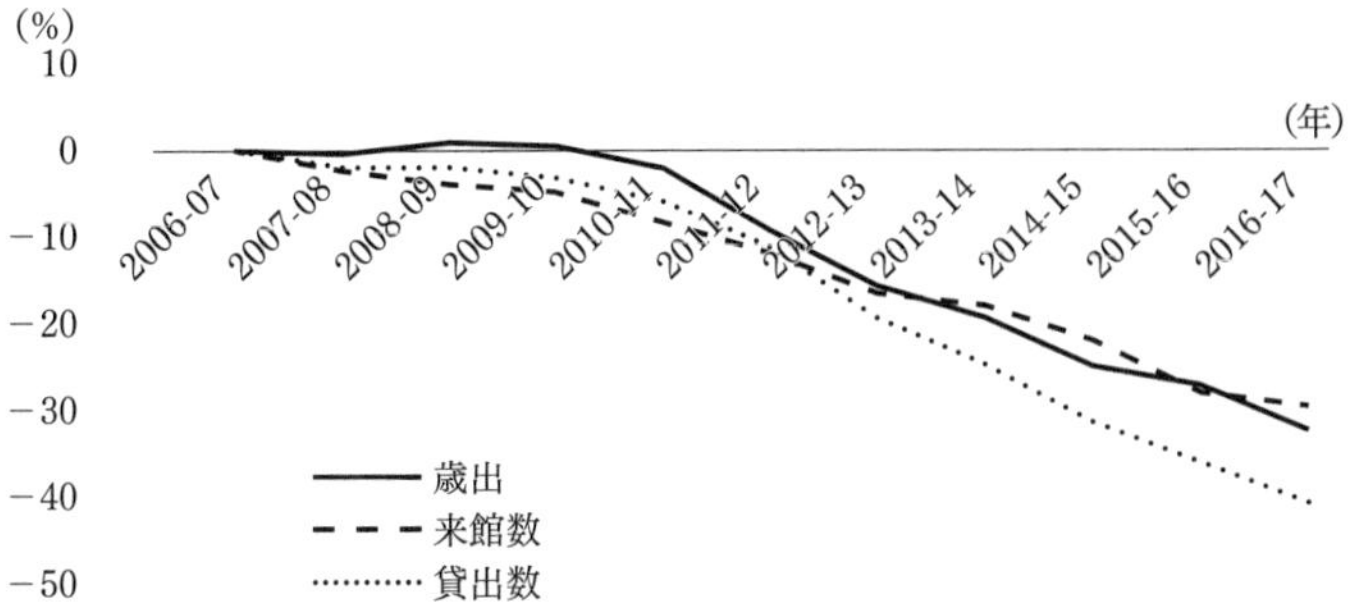

図1　イングランドでの10年間の歳出・来館数・貸出数の遷移（2006年度を基準に）

グループに分けてみると、その最上位グループの図書館は、必ずしもこのように貸出数が減っているわけではないし、来館数は六%程度増加を示していると指摘する。これを分析したオブライエンは、全体の四分の一の図書館は、過去数年間を通してあるいは十年間以上も来館数や利用数で増加を示している「トレンドバッカー」（図書館衰退の趨勢に抵抗する図書館のこと）だとして、今後は下降傾向が上昇へと変化する可能性もありうると結論づけている。

また、図書館の利用の減少の事由としてしばしば挙げられる七つの議論（①予算削減、②近代化の失敗、③時間がない状況、④デジタルシフト、⑤利用の変化、⑥マーケティングの失敗、⑦分権化による運営）についても統計数値から検証を試みている。図書館の利用の減少とある程度の相関を示すものもあるが、因果関係があるとまではいいきれず（イギリス勅許公共財務会計協会統計シートには、構造、一貫性、精度、標準、変数の選択と測定に関する問題があるとも指摘）、公共図書館利用の衰退について個別の議論では説明できなかったという。

この分析の結果はともかく、イギリスでの七つの議論はそれぞれ考えられうる点を指摘していて、私たちも次のような理解のもと、今後のあり方を考える指標にしておくといいかもしれない。

①予算削減：予算削減は利用数の下落に強い相関が示されている。図書館の衰退を招かないためには、公共財政の膨大な赤字を抱える日本の状況でこそ、知識情報社会の基盤になり共生コミュニティづくりの拠点になる図書館のアドボカシー（政策提言）が必要である。

②近代化の失敗：イギリスで問題になったのは、図書館経営がサービス需要に対応していたかどうかという点だった。実際、早くからWi-Fiを導入していた図書館では利用数の減少の割合は小さかったという。日本の場合は一般に経営的な裁量範囲は狭い。しかしながら、経営の感度を研ぎ澄ませておくことが図書館の衰退を避ける要件である。

③時間がない状況：人々が自由にできる時間が減少している。そのなかで、図書館は多様な余暇産業との競争状態にある。図書館にとっての競争相手の一つに、近年急速に増える街中のコーヒーショップ（人々は一息入れたりしているだけでなく、仕事をしたり調べ物をしたりしている）がある。時間がない状況というよりも、選ばれる場所、あるいはネットを通じて情報にアクセスできる場所かどうかが問題になる。

④デジタルシフト：情報提供の多様化と利用者行動の変容をどのように受け止めるかの問題である。人々の生活のデジタルシフトは進展する。これに対して、日本では電子図書館サービスへの切り替えは円滑にはおこなわれていない。また、コロナ禍のなかで、非接触サービスの重要性も認識された。

⑤利用の変化：前述のデジタルシフトもその一つだが、例えば、従来は媒体ベースだったAV資料がストリーミングになるという変化がある。また、例えばコミュニティへのサービスとして、増加しつつあるプログラム（イベント）の実施数と参加者数を系統的に把握しておく必要がある。
⑥マーケティングの失敗：これまで、非利用者の把握や新たに加わった利用者層などを対象にした利用動向調査がほとんどおこなわれていない。以前とは異なった人々が利用者になっていることもあり、さまざまな媒体を通じて、各種の階層や利用者群に対するマーケティングが不可欠である。
⑦分権化による運営：イギリスでいわれているのは、全国的な小売業チェーンが成功しているように、規模のメリットを考慮すべきだという点である。このことは、イギリスの公共図書館システムは二百五しかなく、日本のように基礎自治体ごとではなく広域自治体のレベルだから、日本の場合のほうがもっと当てはまる状況である。なお、これは地域の分館・サービスポイントの問題ではなく、組織システムのあり方の問題であることに注意する。

今後の図書館を考えていくにはこれらの議論の吟味が不可欠だと考えていたところ、二〇二〇年に突然、新型コロナウイルス感染症が襲ってきた。このコロナ禍体験のなかで公共図書館は、図書館の二つの役割、人々に情報や読書機会を提供する役割と、コミュニティの拠点として人々をつなぐ役割の重要性をあらためて認識した。物理的図書館は、人と人との接触を避けるために従来のようには開館できず、施設設備や資料の消毒、ソーシャルディスタンスの実施を含めてさまざまな工夫が施されたが、過半のサービスは停止せざるをえなかった。それに対して、デジタルな仕掛けによる図書館サービスはきわめて有効であり、停止しているサービスを補塡し、また人と人とを結び付けるプログラムの実施に対してさえ新しいツールになることを証明した。さて、このような現状で、今後の図書館のあり方をどのように考えたらいいか。

系統的に追究してきたとはいえないが、この数年来折々につづった議論を本書にまとめてみる。その趣旨は、次のようなところにある。

第1章「未来の図書館のエコシステム」では、これからの公共図書館のあり方として「未来の図書館エコシステム」を解説する。全体的に状況を見渡して適切に問題を取り上げているという点でこれを冒頭に掲げる。

第2章では、「これからの公共図書館を考えるために」というタイトルのとおり、日本の制度的枠組みから少し離れて、海外の三つの図書館経営の手法を紹介する。次代を決するのは展開できるサービスの有用性であり、それを可能にする制度を選択したい。

第3章「日本の公共図書館をどう育てるか——システム規模を考える」では、コレクションの広がりを確保する視点から公共図書館の経営規模のあり方を考えてみる。身近な公共図書館が、十分な情報資源を利用者に提供できるようになっているかを検討する。

第4章「図書館とコミュニティ——イギリス公共図書館の展開」では、公共図書館とコミュニティのあり方を、イギリスの公共図書館の成立から現在の「コミュニティ図書館」までの流れをたどりながら検討する。図書館の二つの役割のうちの知識・情報基盤という面で、第3章で指摘する適切に統合したシステム規模が歴史的に選択されたことにも触れているが、ここではさらにもう一つの役割、コミュニティ基盤という面から、コミュニティとつながるサービスポイントの現状をみている。

第5章「図書館での技術動向・予測――「ホライズン・レポート図書館版」」では、「図書館での技術動向・予測」として、「ホライズン・レポート図書館版」を紹介する。未来の図書館を構想する際に不可欠のものだが、意外に情報は少なく、まとまった報告として有用である。

第6章「未来の図書館に関する提言」では、「図書館への提言」として、未来の図書館研究所で毎年十月あるいは十一月に実施しているシンポジウムから、三人のパネリストの発言を取り上げる。「提言1：ウェブサービスを通した図書館サービスの提供、そして未来の話」（吉本龍司）、「提言2：図書館で変わる！地域が変わる！――ソーシャルイノベーションに向けて」（太田剛）、「提言3：エリア価値を高める図書館」（岡崎正信）はそれぞれ優れた実践経験をまとめたもので、公共図書館を経営していくうえで重要な提言である。

第7章「オーフス公共図書館からヘルシンキ市新中央図書館へ――公共図書館の新しい表情」では、近年の都市の図書館の事例として、北欧の二つの図書館を紹介する。市民の意向を踏まえるとともに、専門的なリーダーシップを発揮した、心地よい空間、新たな図書館の表情である。

なお、巻末に「図書館のインパクト評価の方法と手順　ISO 16439:2014」を所収する。

注

（1）TNS BMRB, "Taking Part: Findings from the longitudinal survey waves 1 to 3," Department for

Culture, Media & Sport, 2016. (https://assets.publishing.service.gov.uk/government/uploads/system/uploads/attachment_data/file/519629/Taking_Part_Year_10_longitudinal_report_FINAL.pdf) ［二〇二一年三月三十一日アクセス］

（2）Department for Culture, Media & Sport, "Independent Library Report for England," DCMS, 2014. (https://www.gov.uk/government/publications/independent-library-report-for-england) ［二〇二一年三月三十一日アクセス］

（3）Department for Culture, Media & Sport, "Analysing data: CIPFA statistics and the future of England's libraries," DCMS, 2018. (https://www.gov.uk/government/publications/analysing-data-cipfa-statistics-and-the-future-of-englands-libraries/analysing-data-cipfa-statistics-and-the-future-of-englands-libraries) ［二〇二一年三月三十一日アクセス］

第1章　未来の図書館のエコシステム

1　公共図書館が抱える問題

近年、公共図書館が各地でその様相を大きく変え始めた。目新しい工夫を取り入れた魅力的な図書館がマスメディアに取り上げられ、図書館への関心が高まっている。議論が沸騰して新図書館建設計画の是非について住民投票にいたったケースさえある。コミュニティの情報基盤として公共図書館への期待も多様化している。

状況を見渡すと、まず、人々の情報行動の変化がある。多くの人がネットで情報を入手したり、電子書籍を利用したりすることもある。図書館サービスとしても、インターネットに接続されたパソコンやタブレット、スマートフォンへのコンテンツ配信は可能である。もちろん、そのためには公共図書館は態勢を整備する必要があり、かつそうした環境変化によって生じるデジタルデバイド

（情報格差）の解消も課題になる。欧米の公共図書館では、早くから電子的な図書館サービス（デバイスの提供、ネットワーク接続サービス、データベースサービス、電子書籍サービス）に着手し、それによって人々の読書機会を拡充し、ときにプログラム（イベント）さえ届けている。日本の公共図書館ではこれまで、電子的なサービスでは大きな後れを取っているが、早晩同じような状況になるだろう。

また、私たちのコミュニティのあり方にも変化が起きている。少子高齢化や多様化するライフコースの選択で、コミュニティの様相が変わり、人と人とのつながり方も変わった。単に地域の読書施設であるだけでなく、コミュニティのための拠点として地域の交流の場、まちづくりの核として位置づけられる公共図書館が昨今増えてきている。

こうした変化がこれからの図書館サービスに重要な影響を与えることは間違いなく、公共図書館を取り巻く状況変化を十分に把握して、そのあり方を検討する必要がある。そのために本章では、エンジニアリング・コンサルタントとして世界的に有名なアラップ社の調査レポート"Future Libraries: Workshops Summary and Emerging Insights"（「未来の図書館[1]」）に描かれた「未来の図書館のエコシステム」を参照しながら、公共図書館が今後抱える問題を整理してみる。このレポートは十年後の図書館を見通しながら現在のさまざまな問題点とその対応を示していて、これからの図書館についての議論を展開するにあたって、簡潔だが見逃せない文献である。

2　アラップ社のレポート「未来の図書館」

二〇〇四年、ロンドンのタワーハムレット区に新たな図書館が誕生した。この図書館は、「アイデアストア」という名称で住民の要求をとらえた斬新なあり方を提示し、これまで図書館に立ち寄らなかった人々を取り込んで地域に活気をもたらした。このアイデアストアはそのあと順次拡充され、一三年までにさらに四館が設置された。またこの年に、リバプール市中央図書館とバーミンガム市中央図書館、翌年にはマンチェスター市中央図書館が様相を新たに再開館した。マンチェスター市中央図書館は、いまでは国内で最も来館者が多い図書館になっている。このような動きはイギリスだけではなく、ほかの国々でも起きていて、「未来の図書館」はこのような息吹を「図書館ルネサンス」だと言い表している。

とはいえ、二十一世紀に入って経済発展の鈍化によって公共財政が逼迫している先進諸国では、来館者数や利用数などの大幅な減少が避けられない図書館、ときには閉館にさえ追い込まれる図書館があり、公共図書館の今後の見通しは必ずしも明るいものとはいえない。アラップ社は、そうした状況をきちんととらえて図書館の未来を論議するためのワークショップを、図書館の設計や経営などに関わる多様な専門家を集めて二〇一五年三月に四都市（ロンドン、メルボルン、サンフランシスコ、シドニー）で実施した。その議論をまとめたのが表1である。

サンフランシスコ 2015年3月12日	シドニー 2015年3月12日
・柔軟で順応性が高いスペース。一部は商用で使われ、ビジネスにふさわしいレンタルスペース、イベントスペースになり、図書館の財政運営に寄与する。また、ホームレスのような脆弱な人々の利用を支える。	・未来の図書館のスペースは、高いレベルの柔軟性をもち、さまざまな機能（調査、展示、非公式な集まり、個人・共同学習、貴重資料の整理、そしてコミュニティサービスなど）を収容するために適切で最新の設備を必要とする。
・図書館スタッフと利用者との連携は、利用者の参画と資源の集約的な利用との好循環をつくるきっかけになる。 ・長時間の開館は異なる年齢グループのニーズに取り組むのに好都合である。	・未来の図書館では、コミュニティでアイデンティティや認知度を上げることが要求される。コミュニティの暮らしに密接に関わるばかりでなく、空間デザインの観点からもより注目を浴びる。
・ハイブリッドで直感的な情報アクセスを可能にするには、専門職による情報管理とパーソナライズされたデジタルコンテンツ、自由に行き来できるスペースが統合的に確保されている必要がある。	・利害関係者や地元組織との連携は、資金調達のために、またより多くの来館者を引き付けるために重要である。

この表から、各都市が抱える課題や方策によってまとめられた内容にいくぶん差異はあるものの、三つの領域について新しい技術の進展を踏まえた議論がおこなわれたことが見て取れる。

表1　アラップ社ワークショップのまとめ

	ロンドン 2014年3月4日	メルボルン 2015年3月5日
スペースの議論	・資金の制約が増大。図書館は新技術や対話型のサービスと基盤の維持との均衡を図る必要がある。	・成熟したデジタル基盤が図書館を物理的なコレクションから自動化とロボット技術によってアクセスできる空間に変え、人間的で多様な活動を可能にする。
オペレーション（運営）についての議論	・技術の急速な進展によってデジタルコレクションの量と多様性が急激に増大し、保存問題をもたらす。 ・ほかの自治体サービスや文化施設との統合や商業施設との連携、資金調達の問題が出ている。	・技術の進展によってさまざまな情報を一挙に検索する「ディスカバリー」体験が増えている。職員はそうしたサービスに関するスキルを身に付ける必要がある。研修とともに、専門職員の連係態勢をつくり図書館サービスを改善する。
利用者体験の議論	・ソーシャルメディアによって図書館のコレクション収集などの活動に人々が関与してくれる。	・図書館員はますます複雑になるコレクションを使えるように助言する（サーチエンジンだけではなく、人々のセレンディピティを刺激）。

3　未来の図書館のエコシステム

このワークショップを踏まえ、またいくつかのケーススタディーや人々が語る逸話を参照し、十年後の「未来の図書館のエコシステム」が描かれた。「エコシステム」は、元来は生物とその生息環境とを取りまとめる概念だが、昨今ではとくに情報通信産業などの分野で、さまざまな事業体が相互に共存共栄していく仕組みの全体像を示す意図でしばしば使われる。ここでは、未来の図書館を形成する趨勢・課題を三種のアイコン（図書館での設計を表すスペース、運営を表すオペレーションと利用者体験）で表現し、次の四つのクラスター（かたまり）として表現している。

領域1：人々の参加によって知識（資源）を確保する。
領域2：協働と意思決定を可能にする。
領域3：コミュニティのウェルビーイングを確保する。
領域4：途切れない学習体験を実現する。

これらの課題が二〇二五年に解決されているとはかぎらない。しかし、その状況から逆算して現在の課題をとらえる（バックキャスティング）見取り図として、私たちが何をなすべきかを問うているといっていい。

領域１：人々の参加によって知識（資源）を確保する

図書館は、知識（資源）を保存するという歴史的役割をもっている。現在ほとんどの図書館では、財源の逼迫による予算の削減のなかでこの使命を果たすために苦闘している。そしてデジタルメディアの指数関数的急増が、事態をより複雑なものにしている。

この領域に関する動きとして、現在、次のような事態が生じている。

［出現しつつある趨勢］

・情報化の進展にはデータの崩壊、つまり情報媒体（電子的素材）の劣化、あるいはフォーマットなどソフトウエアの陳腐化が起きる。情報資源の蓄積にはそうしたリスクを考慮しておかなければならない。

・公的財源の不足に対して、民間セクターによる活動の取り込みや、コミュニティの人々との連携による公共図書館の運営などを考慮しなくてはならなくなっている。ただし、公共図書館として平等なアクセスを保証するには、手法によっては問題が残る。図書館で年会費を取っている場合、その額を所得に応じて設定する提案もある。また、図書館を開館しつづけるために、ボランティアに依拠せざるをえなくなっている例もある。さらには、クラウドファンディングによる資金確保もおこなわれ始めている。

→［ケーススタディー］誰もが共有できる情報コモンズとして使えるアーカイブ、フリッカー(2)とい

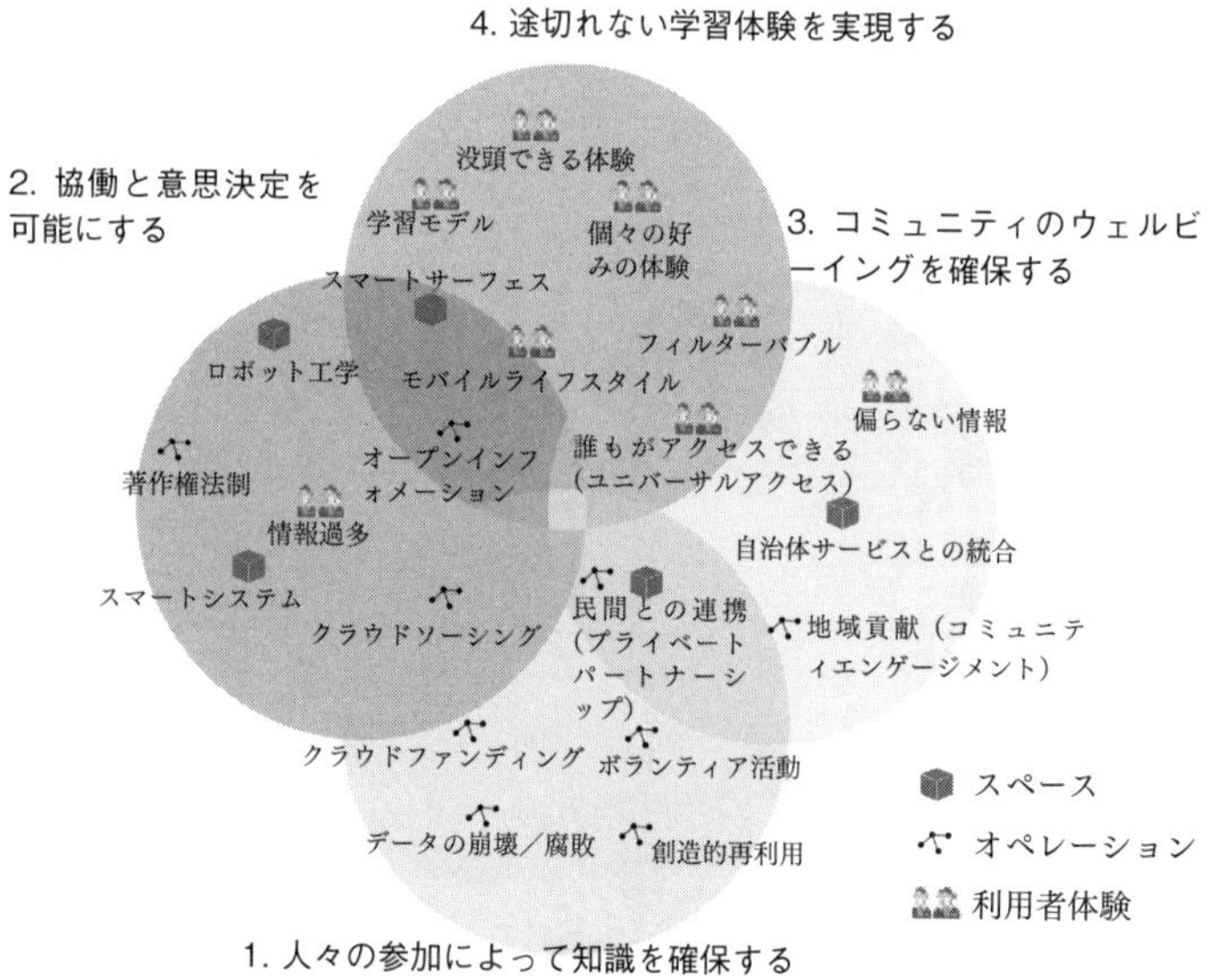

図2　未来の図書館のエコシステム

うプロジェクト

↓［ケーススタディー］クラウドファンディングによる資金調達としてキックスターター[3]

・私たちの生活はますますデジタル化し、ソーシャルメディアに組み込まれている。図書館はソーシャルメディアを使って利用者に情報を届けるとともに、クラウドソーシングを用いてデジタル情報を取得し、資源の共同管理や創造的な再利用に向けて取り組んでいくこともできる。

この十数年の図書館予算の削減によって、例えばイギリスではコミュニティに関わるセクターによる公共図書館の運営が急速に増え（第4章「図書館とコミュニティ――イギリス公共図書館の展開」第3節「二十一世紀を迎えたイギリス公共図書館」の「「コミュニティ図書館」という補塡」を参照)、また年会費を徴収している国の図書館(第2章「これからの公共図書館を考えるために」第3節「オランダの公共図書館の課金制」を参照)では、所得に応じた会費とする議論も現れた。日本では、どちらのケースも俎上に載せられていないが、運営を民間団体におこなわせる業務委託や指定管理者制度が導入されている。それは、民間の力によるサービス向上というねらいもあるが、給与を圧縮せざるをえないという財政状況の理由もあるだろう。

ボランティアの導入については、もともとはフィランソロピーとしてのボランティアだったものが、その伝統が強かったアメリカでさえ図書館を開館しつづけるためには不可欠な人的資源になっている。(4) さらに、財源確保のための方策としては、クラウドファンディングなどの手法が用いられ、日本を含めてすでに世界的に波及している状況にある。

財源などの問題に加えて、情報資源の急速な増大、デジタル化の勢いにも対処しなくてはならない。ソーシャルメディアなどの活用によって情報資源を人々の参加によって確保しようという提案は、今後、重みを増すだろう。また、保存の問題は、進展する技術動向に左右されて現在のところ将来を見通した解決策を確保できていない。とくに市販している電子書籍・雑誌などの保存は、学術情報の領域を除いてまったくめどがたたず、これまでのところ最も見通せない部分だといえる。

領域2：協働と意思決定を可能にする

知識経済社会では、新たな価値は、これまでの知識・情報に立脚してほかの人々との高度な協働の環境でつくられる。そのため、新しい知識・情報は需要に応じて適切な技術と柔軟な知的財産権の運用によって人々に迅速に提供されることを前提にしている。
［出現しつつある趨勢］
・インターネットへの接続のおかげで無限ともいうべき情報アクセス要求が出現した。学術世界では誰もが無料で利用できる枠組みがつくられ、多くのオープンアクセスジャーナルが誕生している。他方、商業出版ではライセンス認証を必要とするビジネスモデルによって、ときに図書館では購入できない価格にまで高騰する資料が出現し、デジタルデバイドが生じている。オープンアクセスを原則とする団体クリエイティブ・コモンズがこの問題に対抗しているが、不都合な状況を解消するものではない。
・文明の夜明け以来二〇〇三年までに生産した情報量を今日では二日で生産するようになった、とGoogle社のエリック・シュミットが指摘したように、情報生産の過剰ともいえる事態が起きていて、それが私たちの意思決定や生産活動を圧倒する。このような事態にあって、図書館員の情報管理能力の重要さが増大している。
→［ケーススタディー］スタヴロス・ニアルコス財団による未来図書館プロジェクト(5)
・建物管理のシステムで、快適で効率がいい建物環境管理をおこなっている。また、知的ロボットやIoT（Internet of Things：モノのインターネット）が、自動化システムで大きな役割を果たすようになっている。図書館でもスマートシステムの技術がサービスにも応用され、情報の検索・入手システムなどが最適化されはじめている。
→［ケーススタディー］シカゴ大学の図書館員ボットとしての自動書架

ここでの中心課題も情報過多への対応になる。デジタル化の進展によって、アクセスできる情報の範囲は大幅に拡大した。とはいえ、公共図書館では必ずしも十分ではない。とくに日本の状況はきわめて限定的である（アメリカの公共図書館でアクセス可能なデジタル情報を日本のそれと見比べてみたらいいだろう）。いままでは、物理的な資源とデジタル化された資源のいずれであっても、的確・迅速にアクセスできることが肝要である。

デジタル情報の伝送はきわめて容易で、広く情報を提供できるオープンアクセスの出版も可能だが、逆にその情報を遮断するのも容易である。図書館は、そうした状況を考慮しながら著作権者などとの折り合いをつけて、広汎な情報の確保に努めなければならない。

また、図書館では静寂な読書の場であることも求められるが、近年よりいっそう重視されるのは、情報資源を活用して新たな知識創造をおこなう協働の場という役割である。ロボット工学やスマートシステムを応用し、大量情報の蓄積・提供を自動化し、おしゃれで居心地がいい環境を整え、人々の協働や意思決定を促進する必要がある。

日本ではスペースが狭隘なため、自動化書庫が比較的早くから普及している。ただし、個別資料のレベルまでロボット管理という事例はない。第7章「オーフス公共図書館からヘルシンキ市新中央図書館へ――公共図書館の新しい表情」で紹介する北欧の図書館には、ロボット工学とＩｏＴを統合した一事例がある。図書館オペレーションのレベルアップ戦略も必要である。

領域3：コミュニティのウェルビーイングを確保する

図書館は、人種、年齢、性（性的指向）のいかんにかかわらず、誰をも公平に扱い、そしてそれぞれの秘密を守り、知識や情報サービスを提供する。図書館は、物理的な場だけでなくデジタルな世界でもコミュニティ構成員が考えを述べあい、心を開き、仲間であることを維持するための施設である。図書館の役割は、個々人への支援であると同時に、人々を支える健全なコミュニティのウェルビーイングの維持にある。

↓［ケーススタディー］サンフランシスコ市図書館のホームレス・プログラム

↓［ケーススタディー］ミズーリ州ファーガソン市図書館の #whatlibrariesdo

［出現しつつある趨勢］

・知識は富をなす源泉であり、コミュニティの繁栄への道を開くものである。そのためには、誰もが知識へのアクセスができなくてはならない。しかし、デジタル情報に大きく依存するようになって以来、プライバシーや所有権にまつわるアクセス制限、情報入手を歪めるフィルターバブル（インターネット検索サイトが利用者の情報に基づき勝手に検索結果を歪めること）などの技術が出現した。

・人口が集中する都市部の図書館は、伝統的な図書館スペースと創造的な活動のためのスペース双方が用意されるようになって、ナレッジセンター（必要な知識を収集して活用できるように体系化し、秀逸な知識を創造するための組織）に生まれ変わった。一方、過疎地域の図書館は、図書館と各種の生活サービス（郵便局・銀行・マーケット）などを統合して運営する趨勢がある。・ローカリズム（地域住民の力でその地域の自立性を高めようという考え方）やコミュニティ意識の高まりに対応するには、利害関係者の関与が不可欠である。また、ソーシャルメディアが急速に進展していて、クラウドソーシングなどのコミュニティエンゲージメント（地域貢献）に役立たせることもできる。

ウェルビーイングとは、人またはグループが満たされた状態をいう。コミュニティウェルビーイングの拠点になる図書館は、まずは偏りがない情報へのアクセスが保証（保障）されなければならず、ユニバーサルアクセス（誰もが公平にアクセスできること）の確保を中心に据えている。しかし、デジタル社会での公平で安全な情報の確保は、難しくなっている。デジタルデバイドの問題だけでなく、人々は近年、無意識のうちにフィルターバブルや、ソーシャルメディアによるエコーチェンバー（自分と同じ意見だけを繰り返してやりとりする）現象に巻き込まれる。だからこそ、偏りがない情報にアクセスできる図書館の役割が重要だといえる。また、そのためにメディアリテラシーなどのプログラムの積極的な展開も求められるだろう。

また、今後の社会状況の急速な変化によって、図書館のサービスのあり方が、都市とか過疎地とか、それぞれのコミュニティに応じて異なるのはかまわない。図書館の機能面からではなく、人々とコミュニティの側から図書館を検討する姿勢が肝要である（第4章第2節「コミュニティの亀裂と新しいコミュニティ・アプローチ」を参照）。第6章「未来の図書館に関する提言」第2節「第二回・

図書館とソーシャルイノベーション（二〇一七年十月十一日開催）」は、図書館のコミュニティエンゲージメントをとらえたものである。

領域4：途切れない学習体験を実現する

人口構成や人々のライフスタイルの変化、また技術革新によって、人々の学習の仕方は根本的に変化しつつある。学習は人生の早い段階だけでなく、職業上の、そして日常のルーティンに組み込まれた要素になった。生涯学習はフォーマルな形態（学校など）もあるが、個人的なデバイスに教材が提供され、それでおこなうことが一般的になっている。学習の変容の影響を受けて、図書館での学習スペースは利用者が望む様式に変化する。

↓［ケーススタディー］モスクワ地下鉄のデジタル図書館(6)

↓［ケーススタディー］マイクロソフトの将来ビジョン

［出現しつつある趨勢］

・これからの学習体験のあり方は、ゲームベースの学習、シミュレーション、あるいは仮想3Dを使った「没頭できる学習体験」や、Eラーニングなどを使ったものになる。図書館サービスは利用者の期待に沿って分化していく。

・手頃なデジタル技術が教授・学習・研究に新たな方式を導入し、人々に革新的な機会をもたらした。いままでは生涯学習の大多数は、教室の外でインフォーマルにおこなわれている。図書館は、人々の生涯学習をさらに支援する。

・モバイルライフスタイルが人々の仕事や情報利用の方法を変化させている。職場という境界をあいまいにし、インフォーマルでより便利なスペースが使われる。拡張現実のようなソフトウエア、スマホやタブレットなどのスマートデバイス、スマートサーフェス（多機能・高性能表面素材）が使われ、図書館もその影響を強く受ける。

経済社会の進展によって、職業上の技術や知識を更新していくために、生涯にわたる学習の必要性が認められている。STEM（科学・技術・工学・数学）教育のモデルの導入や学習環境のデジタル化によってさまざまなツールが開発され、この動きは加速している。公共図書館でもメーカースペース、ファブラボなどを設けるようになった。

とはいえ、人々が学習機会を容易に入手できるか、その方法は適切で使いやすいものか、という点になると、十分に整っているとはいいがたい。商用の教育サービスはともかく、生涯学習が社会的に支えられているかが問題である。その点で公共図書館が果たすべき役割は大きい。

しばしば引き合いに出される生涯学習の成功例は北欧の公共図書館によるもので、多くの人々がキャリアアップのために気軽に図書館を利用し、また図書館側もそれを支えようとしている。社会の急速な進展に対応するために必要な知識や技術を更新して利用者の意欲を高め、高い労働生産性を確保している。

4　問題整理と未来の図書館への指針

以上がアラップ社の「未来の図書館のエコシステム」の各領域の要約と筆者の解説である。エコシステムというように、包括的に問題が描かれている。

あらためて、このレポートから導出できるところをまとめてみよう。

今後の図書館に強く要請される役割の枠組みは、各領域を図書館プロセスとしてみれば、①知識（資源）の確保、②知識（資源）の適切な提供、③コミュニティへの貢献、④新しい学習機会の提供である。

これらの実現にあたって、まず強く意識すべき点は、図書館への公的な財政支援がこれまで以上に制約されること、一方で知識（資源）の生産量や需要量は急速に増大することである。これらの推移を見込んだ対応が迫られている。

図書館活動を公的資金でまかなえないとすればどうするか、財源と労働力をどのように確保するか。レポートでは民間との連携、クラウドファンディング、ボランティアなどいろいろなアイデアを列挙しているが、その議論の前提として、図書館という社会基盤がコミュニティになぜ必要か、また、どのように維持されるのかの基本的議論をきちんと共有しておかなければならない（第4章を参照）。また、税とその他から得る資金についても、利用の公平性の原則を含めて、適切な運用が必要になる（第2章を参照）。

知識（資源）の生産量や需要量の増大は、図書館がこれまで苦心してきた蔵書の拡大ではない。紙資料の出版量は日本の場合でも下降の見通しになっている。深刻化する問題は電子的な情報量の膨張である。また、情報を確保しようにも、従来の流通経路からはみ出してしまうものもある。それによって、資源確保に関して人々の参加を含めた、さまざまな工夫が必要になっている。フリッカーなど情報コモンズとして使える外部機関などとの連携も積極的に考えたい。また、前述したように一部の情報資源についてはまだ適切な蓄積方法はなく、利用面では商用領域のものは著作権や許諾料が障壁になる。私たちの貴重な知識（資源）を図書館にどのように確保していくかは、さまざまな角度からの積極的な議論がまたれる（第3章「日本の公共図書館をどう育てるか――システム規模を考える」を参照）。

領域②③④にかかる主としてサービス提供に関しては、第一に図書館の原則からいってオープン（インフォーメーション）でなくてはならないし、誰もが公平に使えなければならない（ユニバーサルアクセス）。そして適時の提供が求められる。今後の最大の懸念は情報過多であり、図書館にとっても人々にとってもそれが阻害要因になる。必要な知識・情報を適切に提供するには、図書館員のスキルの高度化や、人工知能（AI：Artificial Intelligence）やロボット工学などを駆使したシステム開発がまたれる（第5章「図書館での技術動向・予測――「ホライズン・レポート図書館版」」を参照）。ただし、高度化した情報技術は、デジタルデバイドを引き起こしたり、フィルターバブルのような歪んだ情報提供にも結び付くことを十分に注意しなくてはいけない。

利用環境や学習環境については、物理的にも仮想的にも、ライフスタイルに適合し、かつ新たな学習モデルを踏まえたものを用意する。そのためにスマートシステムやロボット工学、モバイルデバイスなどの動向に留意する必要がある（第7章を参照）。また、コミュニティの状況によっては、図書館を知識センター化したり、コミュニティの生活拠点になるように複合施設化したりして、人々の便宜を高めたい。

この「エコシステム」では、図書館が直面するさまざまな問題点の対応を取り上げているが、全般にわたって強調している視点として、協働性が挙げられる。急速に変わりゆく状況で、今後の図書館の持続可能性を支えるには、高い協働性が不可欠だという主張で、クラウドファンディング、民間との連携、クラウドソーシング、コミュニティエンゲージメント、ボランティアなどが列挙されている。「領域1」内の図書館運営のアイコンだけでなく、図書館の活用でも協働性が注目されている。「領域2」では、人々の創造活動や意思決定は、ほかとの協働の結果生み出されるとして、それを可能にする場の重要性を取り上げる。また「領域3」に関しては、コミュニティエンゲージメントによる協働があるし、「領域4」でも社会的学習を展開するための協働の観点が含まれるだろう。未来の図書館の戦略指針はこの原理に基づけば機能するだろう。

当然ではあるが、「未来の図書館のエコシステム」の際立った特徴は、急速に進展するデジタル技術・情報に対する認識である。情報資源の永続的な確保、そして情報のユニバーサルアクセスの実現、あるいは歪められた情報の提供の回避など、難しい課題がある。今後、図書館サービスの展開の過程でさまざまな工夫・改善がなされ、高い機能と使い勝手のよさをもった「スマートライブラリー」が出現しようが、こうした原則が維持できるかどうかが未来の図書館の良しあしを決めることになるだろう。

注

（1）Elisa Magnini, Josef Hargrave, Kim Sherwin,"Future Libraries: Workshops Summary and Emerging Insights," Arup, 2015.（https://www.arup.com/perspectives/publications/research/section/future-libraries）［二〇二一年三月二十五日アクセス］
（2）flickr（https://www.flickr.com/groups/japanese/）［二〇二一年三月二十五日アクセス］
（3）Kickstarter（https://www.kickstarter.com/?lang=ja）［二〇二一年三月二十五日アクセス］
（4）Erica A. Nicol and Corey M. Johnson, "Volunteers in libraries: Program structure, evaluation and theoretical analysis," *Reference & User Services Quarterly*, 48(2), 2008, pp. 154-163.
（5）"Supporting public libraries," Future Library.（https://www.futurelibrary.gr）［二〇二一年三月二十五日アクセス］。なお、同財団のプロジェクトとしてニューヨーク公共図書館のミッドマンハッタン分館は二〇二〇年に新装された。
（6）"Winter is coming."（https://winiscoming.wordpress.com/portfolio/moscow-metro-launches-e-library-project/）［二〇二一年三月二十五日アクセス］

なお、本書の翻案図表（表1、図2）の所収を快諾してくれたアラップ社に謝意を記しておく。

第2章　これからの公共図書館を考えるために

はじめに

二〇一九年に封切られて興行的にもかなり成功した『ニューヨーク公共図書館　エクス・リブリス』という映画がある。フレデリック・ワイズマン監督によるドキュメンタリーだ。菅谷明子『未来をつくる図書館』(1)に紹介され、日本でも注目を浴びたニューヨーク公共図書館（ちなみに、これが正式な図書館名）が、この映画であらためて関心を呼んでいる。多くの人々がこの図書館の活動に共感し、そこに今後のあるべき公共図書館像がみられると受け取ったようだ。

本章では、図書館経営にとって参考になる海外のいくつかの事例を取り上げ、公共図書館の今後のあり方を考える手がかりを探してみよう。

1　法人（財団）立図書館という公共図書館

外形的に見れば、ニューヨーク市と東京二十三特別区とは、人口、面積、あるいは財政の規模はかなり類似している。しかし、残念ながら東京にはニューヨーク公共図書館のような卓越した図書館組織（以下、図書館システムという）は存在しない。ニューヨーク公共図書館のような活動が私たちには展開できないのはなぜだろうか。

図書館の活動はもともとその図書館のコレクションなどの規模に依存するため、いくつかの図書館の規模を比較してみた（第3章第5節「二つの都市の図書館システム比較」を参照）。

ニューヨーク市はニューヨーク公共図書館、ブルックリン公共図書館、クイーンズバラ公共図書館という三つの図書館システムが設定されているのに対して、東京二十三特別区では、区ごと二十三の図書館システムが存在する。その結果、東京二十三特別区の公共図書館では二十三もの図書館システムで相互に重複したコレクションが維持されることになり、結果として広がりと深みがあるサービスを逸しているようだ。システムの規模の問題は、その振る舞いを決めるうえで重要である。

ただし、ニューヨーク市の図書館と東京二十三特別区のものとの違いは、規模の側面だけではない。実はニューヨーク公共図書館は公立図書館ではない。ニューヨーク公共図書館はニューヨーク市と州の公的資金から大きな額の予算を得ているのだが（図3[2]）、「ニューヨーク公共図書館＝アスター・レノックス・チルデン財団」の理事会によって運営される法人（財団）立図書館である。[3] また、ニューヨーク市に存在するほかの二つの図書館システムも同じく法人（財団）立図書館であって、行政組織が設置して運営している公立図書館ではない。

この法人（財団）立図書館というものは、日本では図書館法（一九五〇年〔昭和二十五年〕四月三十日法律第百十八号）のせいもあって正確には理解しにくい。図書館法が規定する図書館は「公共

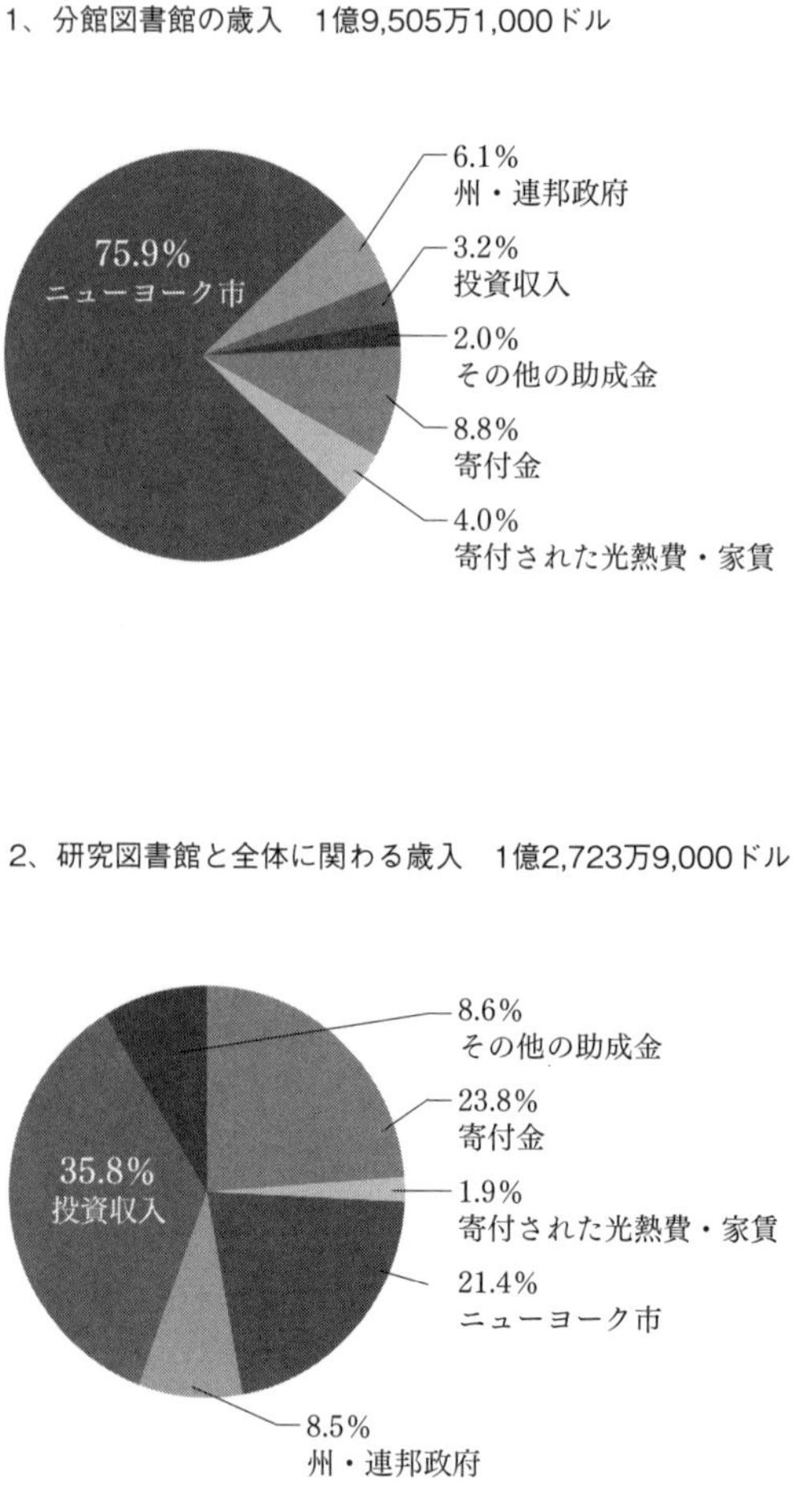

図3　ニューヨーク公共図書館の歳入と歳出（年次報告、2018年）

3、分館図書館の歳出　1億9,772万6,000ドル

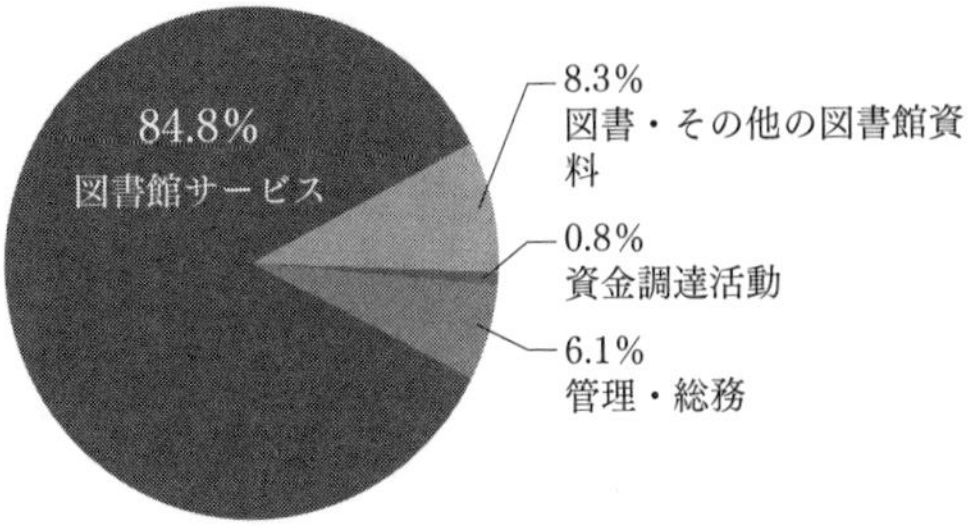

4、研究図書館と全体に関わる歳出　1億1,929万6,000ドル

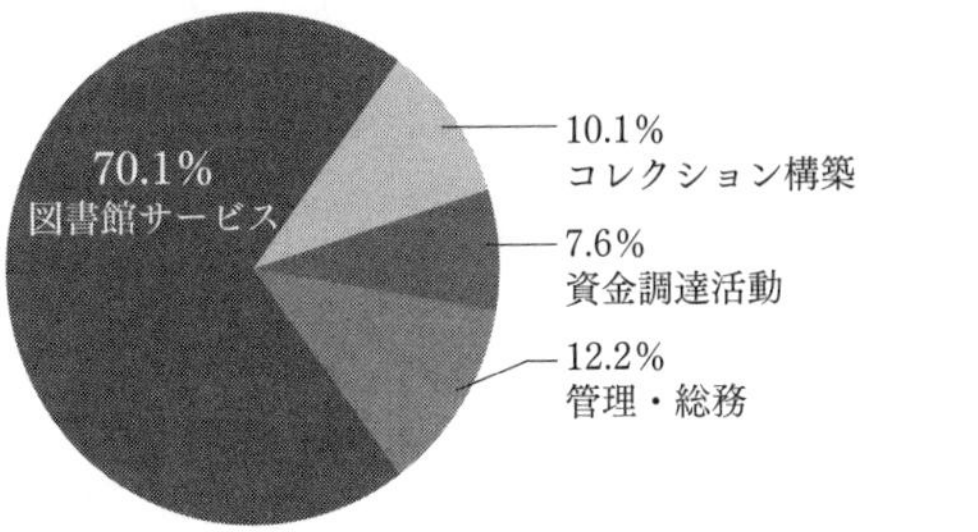

図書館」のことだが、それには地方公共団体が設置する公立図書館と、「日本赤十字社又は一般社団法人若しくは一般財団法人の設置する私立図書館」がある（同法第二条）。したがって法人（財団）立図書館は「私立図書館」とされることになる。しかし日本では、この「私立図書館」には公的資金は投与できない（同法第二十六条[4]）としているから、ニューヨーク公共図書館のように公的資金を運用する法人（財団）立図書館は制度的に存立しえない。だが、ニューヨーク公共図書館は、

図3でみるように公的資金をも財源とする私立の図書館であって、そしてその名のとおり、地域の"public library"(公共図書館)なのである。[5]

菅谷明子は、この図書館の組織のわかりにくさを「アメリカのほとんどの公共図書館も税金で運営されていますので、その点でも「ニューヨーク公共図書館」は世界的にも非常にユニークです[6]」と説明した。確かに毎年四、五千万ドルの寄付金を集める図書館はユニークといっていいが、この図書館も税金に大きく依存している。しかもこの組織類型は必ずしも唯一無二(ユニーク)でもない。これはニューヨーク市のほかの二つの図書館システムもそうだし、ほかの地域にもある。本章第3節「オランダの公共図書館の課金制」で触れるオランダでは、公共図書館のほとんどがこの類型の法人(財団)立図書館である。

注目したいのは、映画でも表現していたこの組織が展開している経営手法である。ニューヨーク公共図書館は、八十九の分館と三つの研究図書館(センター)(スティーブン・A・シュワルツマン本館、パフォーミング芸術図書館、ションバーグ黒人文化研究センター図書館)で構成されている。分館では近隣住民を対象として、多くの人々への平均的なニーズを想定したサービスを展開する一方、研究図書館では専門的なニーズも人々に不可欠なものとして展開している。それを財政面でみると(図3)、公共図書館は中央・分館いずれの場合も、歳出で図書館サービスが占める割合は七、八〇%だが、歳入内訳は分館では八二%が公的資金で占められ、そのほか外部資金(寄付金・助成金)や図書館の自己収入である。それに対して研究図書館では、公的資金はわずか三〇%であって、七〇%は使途について制約が課せられていない外部資金・自己収入である。

公共性の限界（政府の失敗）

一般に公共サービスにおける原則は公平性にあり、それは住民の需要に見合う供給を行い、かつそれに対する負担（税）を人びとに適切に課すような制度が望ましい。しかし、実際にその設計を行うのは容易ではなく、大抵は多数決原理に従うとして中位の選好をもつ者が決定権を握ることになる。公立図書館サービスでいえば、流通する膨大な出版物や情報の中から平均的なニーズを想定して選択し、利用者に提供することになる。この場合、平均よりも、多量にあるいは高品質なサービスを望む利用者は不満足感が残り、あまり利用することのない利用者や、一般的ではない資料の利用者は税金の無駄と感じる。現代社会において、人々の価値観が多様化し、サービス選好が広範囲にわたる場合、この状況の解決がより困難になっている。(7)

ユネスコ公共図書館宣言では「公共図書館のサービスは、年齢、人種、性別、宗教、国籍、言語、あるいは社会的身分を問わず、すべての人が平等に利用できるという原則に基づいて提供される」とあり、また「公共図書館は原則として無料」とされる。それは、収益によって維持できるものではないし、「思想の自由」（知る自由）を確保するためには、市場原理で運営することは難しい。したがって私たちは、税によって公共組織を立ち上げ、公共図書館を構成してきた。

しかし、公共図書館が提供するサービスの多くは、誰にもひとしなみに不可欠とするもの（国防や警察などのような純粋公共財）だけでなく、その多くは社会的に確保しなければならない、いわゆる準公共財(8)あるいは共有するコモンズ的な性格をもつ資源（環境財、文化財などもこの類い）である。そのため公共図書館は、公的な性格と要求のレベルの違いを調整できる機能とが交ざり合う枠組みがいいことになる。とはいえ、前述の「公共性の限界」で説明しているように、この調整は意外と難しい。「図書館には読みたい本がない」とか、（多くの人が読まない蔵書に対して）「なぜこのような本を図書館は購入するのか」など、さまざまな注文が寄せられるからである。平均的なニーズに偏重すると多様な資料や情報が提供できない。多種多様なニーズに対応する枠組みの一つとして、財源によってサービス展開にめりはりをつけるニューヨーク公共図書館のあり方は興味深い。

この法人（財団）立図書館では、住民・利用者のニーズを汲み取りながら、説明責任が伴う公的資金を運用して、広くいきわたるサービスを実現するとともに、理事会の判断によって、使途に縛りがない外部資金や自己収入を運用し、新たな課題や幅が広い需要に対して迅速で柔軟に運営している。急速に変わりゆく社会状況では、これは大きな強みである。法人（財団）立図書館という組織は古くから維持されてきたものだが、いまでも有効に機能しているばかりか、多様化する現代社会では必須であるといっていい。

2 デンマークのオープンライブラリー

デンマークで「オープンライブラリー」という図書館員がいない時間帯でも開館していて住民が

表2　デンマーク公共図書館の年間開館時間数

開館時間数の変化	2009年	2010年	2011年	2012年	2013年	2014年	2015年
本館（職員在館）	4,152	4,138	4,138	4,156	4,215	4,142	4,168
本館（職員不在）	0	60	105	606	1,608	2,913	3,386
分館（職員在館）	8,912	8,385	8,338	7,790	7,720	7,685	6,727
分館（職員不在）	0	3,181	3,418	9,140	13,417	16,938	18,675

（時間）

入館できる図書館が出現してから、すでに十数年になる（始めたのは二〇〇四年にゲアンというデンマーク中部の小さな町の図書館。二〇年以降は国全体で本格的に導入された）。

初期には職員不在では利用者の安全が脅かされたり器物破損（バンダリズム）などが起きたりしないかと懸念されたが、表2に示すように、いまでは多くの図書館で図書館員がいる時間とそうではない時間があるという仕組みがすっかり定着した。なお、職員不在の時間帯は基本的には無人なのだが、例えばオーフス公共図書館のような大図書館では、学生アルバイトがその時間帯に配架作業をすることで保安の維持も図っている。図書館を住民に開放するという意味のこのオープンライブラリーの手法は、デンマークはもとよりフィンランドでは「セルフサービス図書館」という名称でおこなわれているし、ノルウェーやスウェーデン、さらにはイギリスなどでもこの方式を導入している。

「知識社会の公共図書館」のオープンライブラリー(9)

・図書館空間は、独立したメディアとして運用されること。
・もっと標的利用者を定め、資料の攻撃的なプロモーションを展開すること。

・図書館空間での活動では、人々との連携によって展開すること。
・全体を見渡した配置のコンセプトをつくっておくこと。
・柔軟なサービスのあり方をさらに広げていくこと。

オープンライブラリーが本格的に位置づけられた契機は、文化省のもとに設置されている「図書館とメディアに関するエージェンシー[10]」が、二〇一〇年に公表した委員会報告書“The Public Libraries in the Knowledge Society”(「知識社会の公共図書館」)で、オープンライブラリーの展開を勧告したからである。早朝・夜間・週末の図書館員不在の時間帯に、社会保険の個人番号などで住民が自分で図書館を開錠して利用できるようにしたもので、資料の閲覧はもちろんのこと、友人同士のおしゃべりや会合・イベントの企画・参加、そして自動化された貸出サービスなどが設定時間内ならば利用できる。多くの人々の生活時間に配慮した、住民の利用を増進するための施策である。

この施策のきっかけをつくったのは、二〇〇七年の地方行政改革だった。自治体合併が促進され、それに伴って公共図書館システム、つまり公立図書館の組織単位が二百五十七から九十八に減少した。また、それぞれの図書館システム内でも、今後期待される役割を担うには十分な規模を確保する必要があるとして、小規模な分館などを閉館した。全国に六百八十一館あった公共図書館(分館なども一館と数える)が、初年度だけで百三十一館も削減された。一五年の統計では、図書館システムは九十七になり、また全図書館数は四百十六館にまで減っている。

前述の委員会報告書に「三人に二人は図書館に登録して利用し、成人の二九%は月に一回は図書館を使っている」と記しているように、デンマークでは、住民の図書館登録率や来館利用数について非常に高い水準を維持してきた。だが分館などが閉館されたあと、利用数はなお増加傾向だったものの、住民の登録率が数％下がったという結果が出た。つまり、ヘビーユーザーによる利用は増えたが、図書館がカバーしている住民の割合は減ったことになる。日本では登録率[11]が必ずしも正確には把捉されていないため（第3章第2節「公共図書館はどれくらいの住民に浸透しているか」を参照）、登録率はさほど人々の注意を引かず、それが地域で問題視されることも少ないが、デンマークでは登録率、つまり図書館がどれほどの住民をカバーしているかの割合の低下はとても大きな衝撃として受け止められ、関係者の間で懸念されたという。

コペンハーゲン市立図書館長とデンマーク図書館協会事務局長に聞き取り調査をおこなったとき、オープンライブラリーは人々の利用機会を拡大して来館を促す手立てだったと、両者とも異口同音にその当時の経緯を説明した。人々のライフスタイルに合った開館時間を設定するものの、図書館員の増員はできないため、やむなくこの方策をとったということだった。デンマークでは図書館サービスには人による専門的な支援が不可欠という意識は高い[12]ので、図書館員を置かないで開館するというのはかなり大胆な決断だった。だが、それに踏み切った。図書館を取り巻く社会の変化を見据えて、オープンライブラリーに着手したのである。

またオープンライブラリーを可能にする技術の進歩（利用者を認証する技術、図書館手続きの自動化の技術、また人々の動きをモニターする技術）と、それを積極的に導入しようという姿勢がこれを可能にした。近年、世界各地で展開される自動化図書館、「スマートライブラリー[13]」という概念の

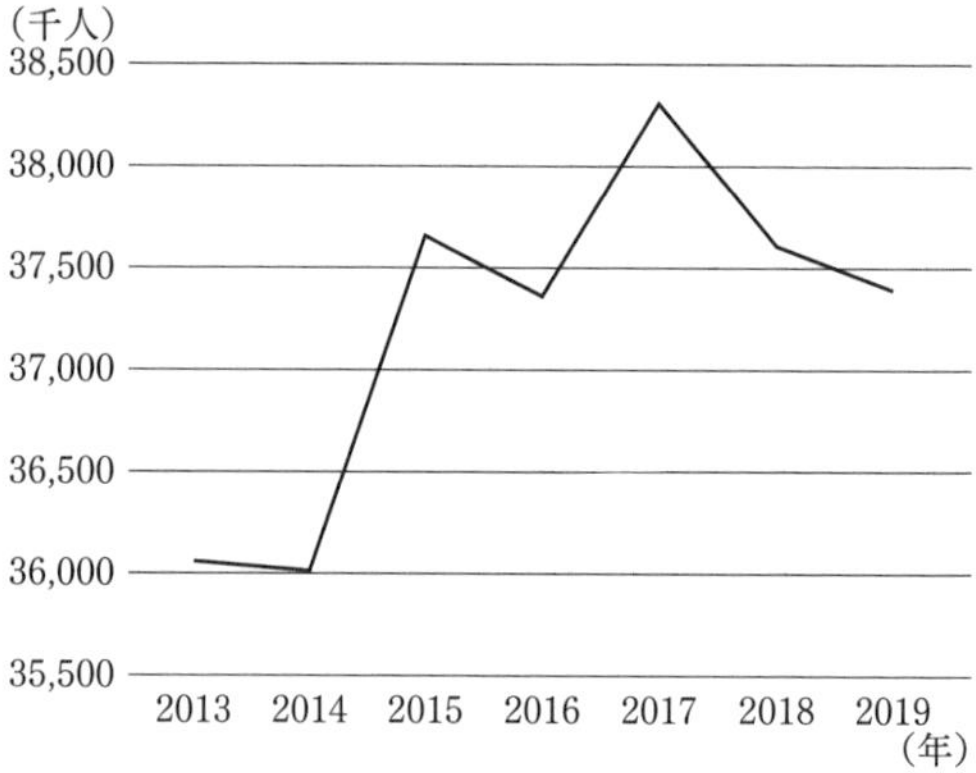

図4　デンマーク公共図書館来館者統計
（出典："Public libraries," Statistics Denmark から作成〔https://www.dst.dk/en/Statistik/emner/kultur-og-kirke/biblioteker/folkebiblioteker〕［2021年3月30日アクセス］）

もとで進展する動向につながるものである。ただ、オープンライブラリーの真のねらいは、技術革新による省力化というよりも、人々の日常的な図書館利用をより容易にすること、活用する資料など、つまり知識・情報を提供するだけでなく、それぞれのコミュニティの人々の交流の場としての図書館機能を提供することである。

その後のデンマークの利用統計では、来館者数の推移が図４のようにみられる。二〇一七年では三千八百十七万人で、その後は下降してはいるが、オープンライブラリーが普及しはじめる前年の〇九年は三百六万人だったから、多少の増減はあるものの、デンマークの高い水準はそのあともなお、維持されていると判断してもよさそうである。

公共図書館は、社会発展のなかでその意義が認められて生涯教育のための施設として拡充され、人々のキャリア形成の拠点として位置づけられる。しかし、それは元来、コミュニティの人々が知識や情報を共有するための身近な施設だった。オープンライブラリーという展開は、その本来の趣旨に沿って導入されたのである。無人化による資料の亡失・損傷のおそれについて、「住民は自分の財産を盗まない」という説明をデンマークで何度も聞いた。オープンライブラリーはコミュニティを維持していくための公共図書館のあり方に、新たな工夫を加えたといえるだろう。

3　オランダの公共図書館の課金制

スケールが大きく、それでいて居心地がいいアムステルダム、ロッテルダム、ハーグなどの中央図書館。街のマーケット広場にあって上質な書店のようなアルメレの図書館。斬新な建築で住民の足を向けさせるスパイケニッセの「本の山」図書館。あるいは国際図書館連盟（ＩＦＬＡ）のPublic Library of the Year 2018 に選ばれたスコール・ゼーヴェン（School7）(14) など。オランダの公共図書館は、工夫を凝らしているものが多い。これならば、年会費を納めても使おうという気にさせてくれる。オランダの公共図書館では、成人が図書館利用カードを得るのに会費を支払わなくてはならない。

会費はそれぞれの図書館ごとに方式そして値段も異なる。例えば、前述のアルメレを例に挙げれば、三種類のパス（バジェットパス、通常パス、トップパス）があり、それぞれに貸出・予約・延滞、電子図書利用や備え付けのパソコン利用条件（例えば、最大利用時間や料金など）が設定されていて、そしてパスごとに価格が決められている。

二〇二一年の十八歳以上の利用者のバジェットパスは年間で十六・五ユーロ、あとのパスはそれぞれ年間四十四・五ユーロ、五十九・五ユーロになっている。[15] 十八歳以下は、基本的なサービス（通常パスレベル）は無料で受けることができる。二十一万人の対象人口のこの図書館も、アルメレ公共図書館財団の運営で、第1節「法人（財団）立図書館という公共図書館」で触れた法人（財団）立図書館である。

　自治体がじかに運営する公立図書館はオランダではきわめて珍しいが、むろん会費が必要である。

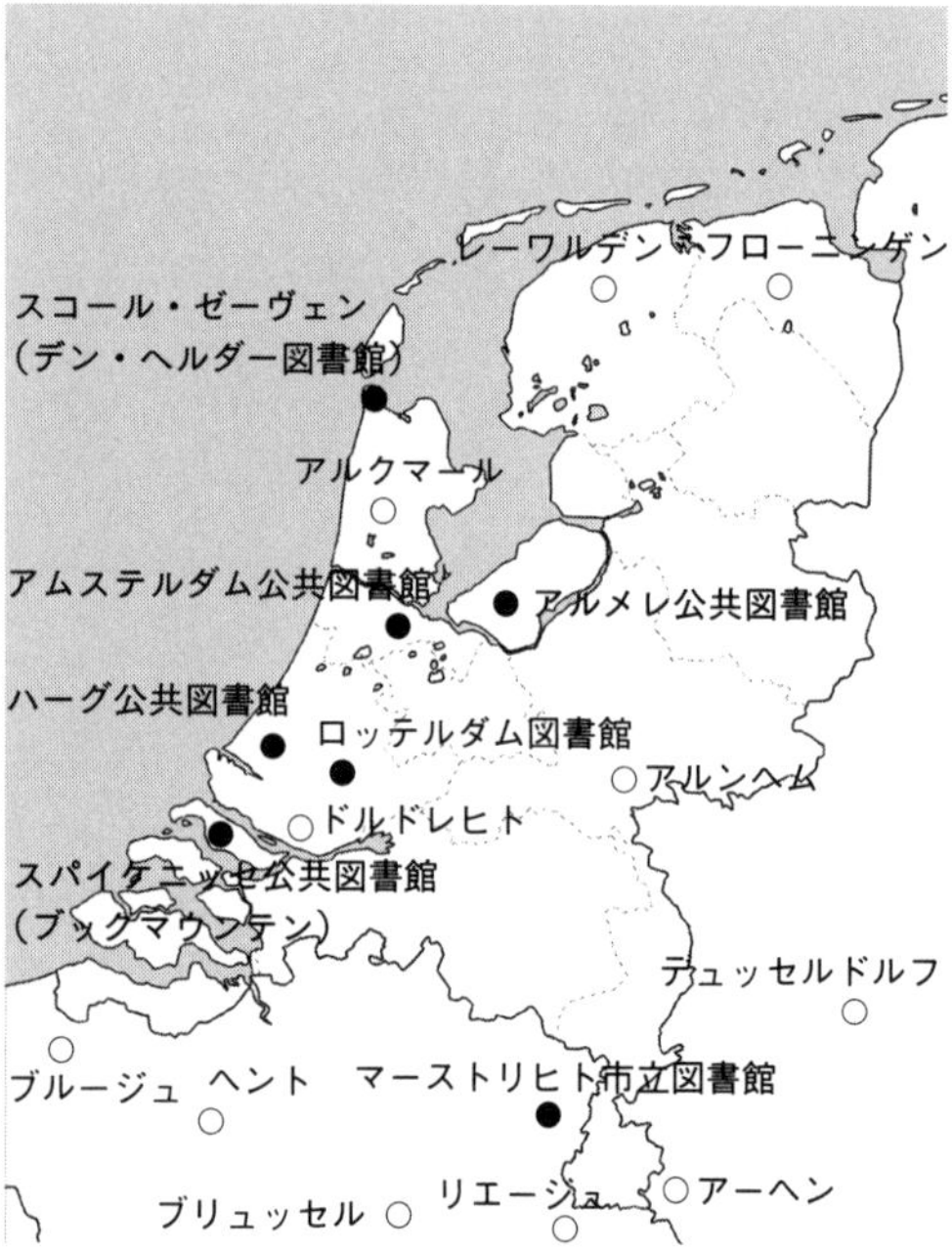

図5　本文中に出てくるオランダの公共図書館（地図）

表3のように、マーストリヒト市立図書館（人口は十三万人弱）では、基本パス、コンフォートパス、デラックスパスに分けているほか、十八歳から二十五歳の学生パス、十七歳までの子ども・青少年パス、あるいは短期滞在者やちょっと立ち寄って利用する人のためのお試しパスも設定されている。ただしここでは、特定のカテゴリーの会費は無料であっても（登録料はかかる）、貸出サービスなどは一部有料になる。[16]

会費は図書館ごとにまちまちではあるが、おおむね①基本的には三、四段階に分けられていて、利用の頻度や受けられるサービス内容によって適合するものを選ぶことになる、②未成年は原則的に無料で、多くは学生などにも特典がある、③近年、新しいメディアのサービスが導入されたことによって体系が複雑化している。なお、図書館への入館や館内での資料の利用に関しては、どこの図書館でも無料である。

このような会費制度は、古くからのいわゆる会費制図書館のもので、いまでもヨーロッパのいくつかの国の公共図書館で維持されている。この制度は基本的にはその成り立ちに絡んでいて、オランダの場合は人々が生涯にわたって関わる教会、学校、病院、クラブ、労働組合、雇用者団体や政党、さらにはジャーナリズムにいたるまで、宗教的な教派や政治的なグループごとに設置されてきた（これを柱状社会という）ことによる。

オランダでは、十九世紀末のドルドレヒトに続き、ハーグ（一九〇六年）やロッテルダム（一九〇七年）などで公共の読書室が開設された。この読書室の勃興期はちょうど柱状化の激しい争いの時期と重なっていて、「カトリック信者などのグループでは図書館が信仰の普及や魂の救済のためのものであると見なし、一方、社会民主主義者のグループでは、個々人の発達に資するためのもの」として、それぞれ会費で運営していた。とはいえ、それぞれグループで展開した「読書室運動」の社会的意義は容認しあえるものだったため、一九二一年には政府補助金を勝ち取って、「宗教的教義、政治的信条、社会的な地位による区別なしに」各施設に配付され、それぞれの施設の公共図書館化が進展した。

（17）

表3　マーストリヒト市立図書館の会費と料金

会費と料金（マーストリヒト市立図書館）	
基本パス（会費無料） 1カ月間に数冊だけを借りる人にとって経済的な選択です。一度に最大14点まで3週間、借りられます（図書、CD、DVD、雑誌、それぞれ4点まで）。 借料は、1点2ユーロ、更新は2ユーロ ワークステーション利用は0.5ユーロ /1時間 （登録料は3ユーロ）	コンフォートパス（年間46ユーロ） 住民にとって最も一般的な会費です。一度に最大14点まで3週間、借りられます（図書、CD、DVD、雑誌、それぞれ4点まで）。 借料、更新料は無料です。ワークステーションは無制限に利用できます。 （登録料は3ユーロ）
デラックスパス（年間68ユーロ） 高頻度の利用者向けのものです。一度に最大20点、6週間、借りられます（図書、CD、DVD、雑誌、それぞれ20点まで）。 借料、更新料は無料です。ワークステーションは無制限に利用できます。 （登録料は3ユーロ）	お試しパス（3カ月16ユーロ） サービスを試してみたい人、あるいは短期滞在者用のものです。一度に最大14点まで3週間、借りられます（図書、CD、DVD、雑誌、それぞれ4点まで）。 借料、更新料は無料です。ワークステーションは無制限に利用できます。 （登録料は3ユーロ）
学生パス（会費無料） 18歳から25歳のオランダの教育機関の学生のためのものです。一度に最大14点まで3週間、借りられます（図書、CD、DVD、雑誌、それぞれ4点まで）。 CD・DVDの借料は、1点2ユーロ、更新は2ユーロ ワークステーションは無制限に利用できます。 （登録料は3ユーロ）	子ども・青少年パス（会費無料） 17歳までの子どものものです。一度に最大14点まで3週間、借りられます（図書、CD、DVD、雑誌、それぞれ4点まで）。 ワークステーションは無制限に利用できます。 （登録料は3ユーロ）

一九六〇年代以降、社会の世俗化の動きと「文化革命」（第4章第2節「コミュニティの亀裂と新しいコミュニティ・アプローチ」を参照）がもたらした影響によって、柱状社会の枠組みがゆっくりではあるが確実に姿を消していった。脱柱状化を目指して、公共と私立のグループの図書館協会が合併し、オランダ公共図書館協会（NBLC）が創設され、七五年には「公共図書館は知識を普及し、所得を拡大し、能力を高める手段である」[18]と定めた公共図書館法が制定されたことによって、国としての公共図書館の体制が整ったといえる。また、近隣の大陸ヨーロッパ諸国と同じように貸出サービスなどの会費は維持された。

図6に示す折れ線グラフは、オランダの公共図書館システムの進展と投入された公的資金の状況である。一九六〇年代の当初では、投入された公的資金は六百八十万ユーロ（換算）しかなかったが、六五年には図書館システム数三百四で、投入された公的資金は七百六十万ユーロ（換算）、その十年後の公共図書館法の制定年には一億ユーロを超え、二〇一二年には六億一千万ユーロになっている。

一方、公的資金を受け取る公共図書館側からみると、近年の歳入は図7のようになる（これは各公共図書館に投入される分だけで、広域の図書館支援組織や国の組織の支出分は含まない）。棒グラフの数値が図書館システムがもつ総収入である。「公的資金」のほか、収入の内訳にある「自己収入」とは主として会費であり、延滞料などの雑収入も含む。「その他」とは寄付金などである。つまりオランダの公共図書館は、財源の八〇％が公的資金で成り立っていて、折れ線グラフが示すように、会費の歳入全体に占める割合は一二―一四％である。また、外部資金は五、六％というところであ

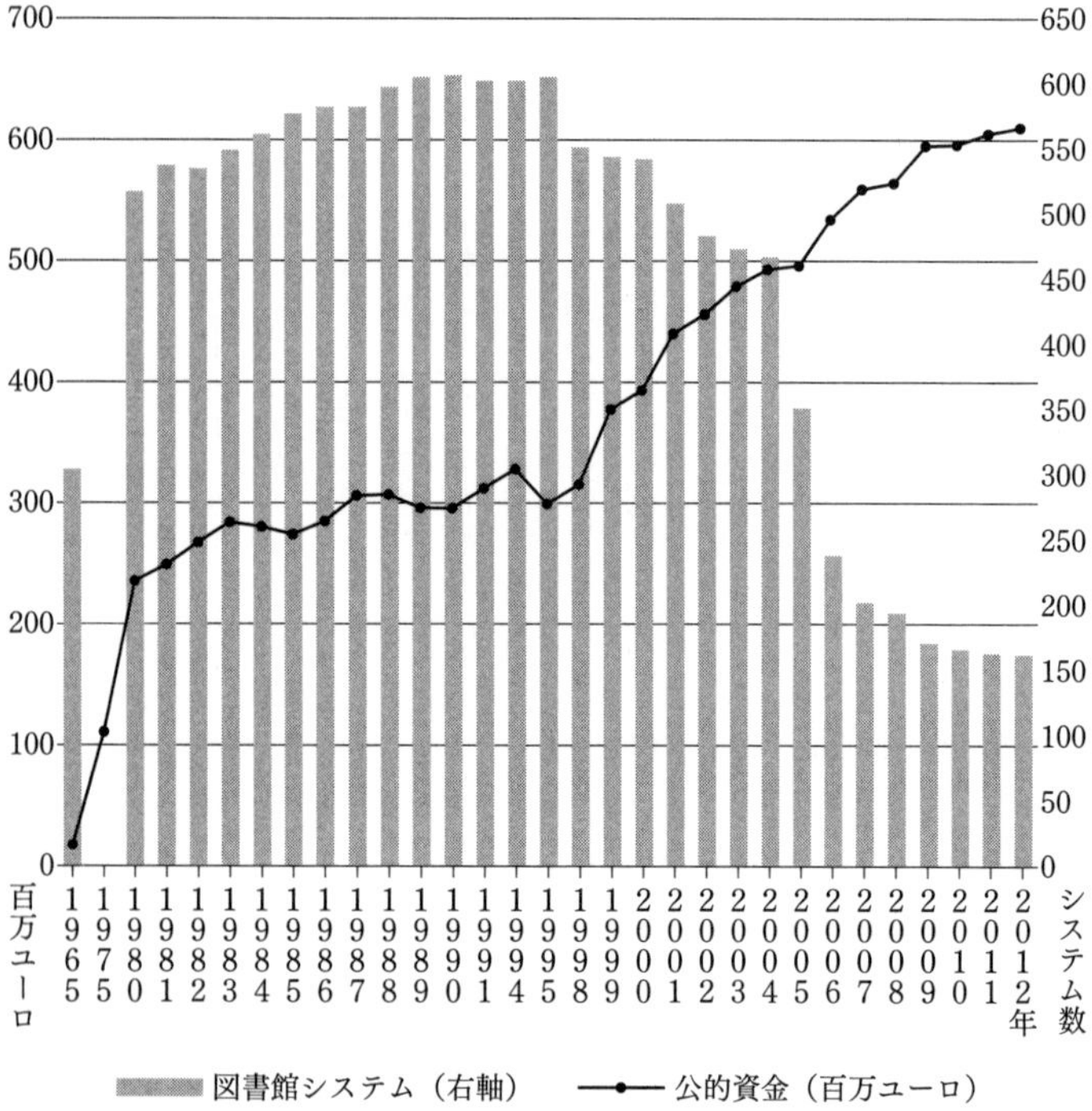

図6　オランダの公共図書館システム数と公的資金

る。[19]

第1節で紹介したニューヨークの場合、例えばブルックリン公共図書館の公的資金比率は七〇％くらい（ニューヨーク公共図書館は例外的に大きな外部資金や投資収入を得ていて、研究図書館と分館を合わせてみると、投入される公的資金は六〇％台でしかない[20]）になっている。アメリカの場合は法人（財団）立であっても会費の徴収はしていないから、不足の二〇％ほどを外部資金（寄付金や助成金）や自己収入（投資収入や延滞料など）でまかなうことになる。フィランソロピー（金銭的な寄付やボランティア）が強い伝統があるアメリカでは、多くの外部資金を獲得できる環境であり、公立図書館でも同様に大きな外部資金を獲得していて、公の組織とは別に財団を併設している場合も多い。[21]

公共図書館には三つの財源調達方法しかない。①公的資金、②外部資金、③自己財源である。図書館が重要な社会基盤であることを考えると、公的資金による図書館への適正な配分が不可欠だが、すべてを公的資金でまかなうことが困難であるだけでなく、また、前述したように公共性の限界という運用上の問題もあり、より確かな図書館サービスを目指すために必要額の適切な調達（外部資金や自己財源）を広く議論しておく必要がある。不用意にこれらの議論を始めて角を矯めて牛を殺すことになってはならず、とりわけサービス課金の導入は慎重でなくてはならないが、図書館は公的資金を基盤にして主体的に支えるという観点からいえば、オランダの解決策も参考になりうる。

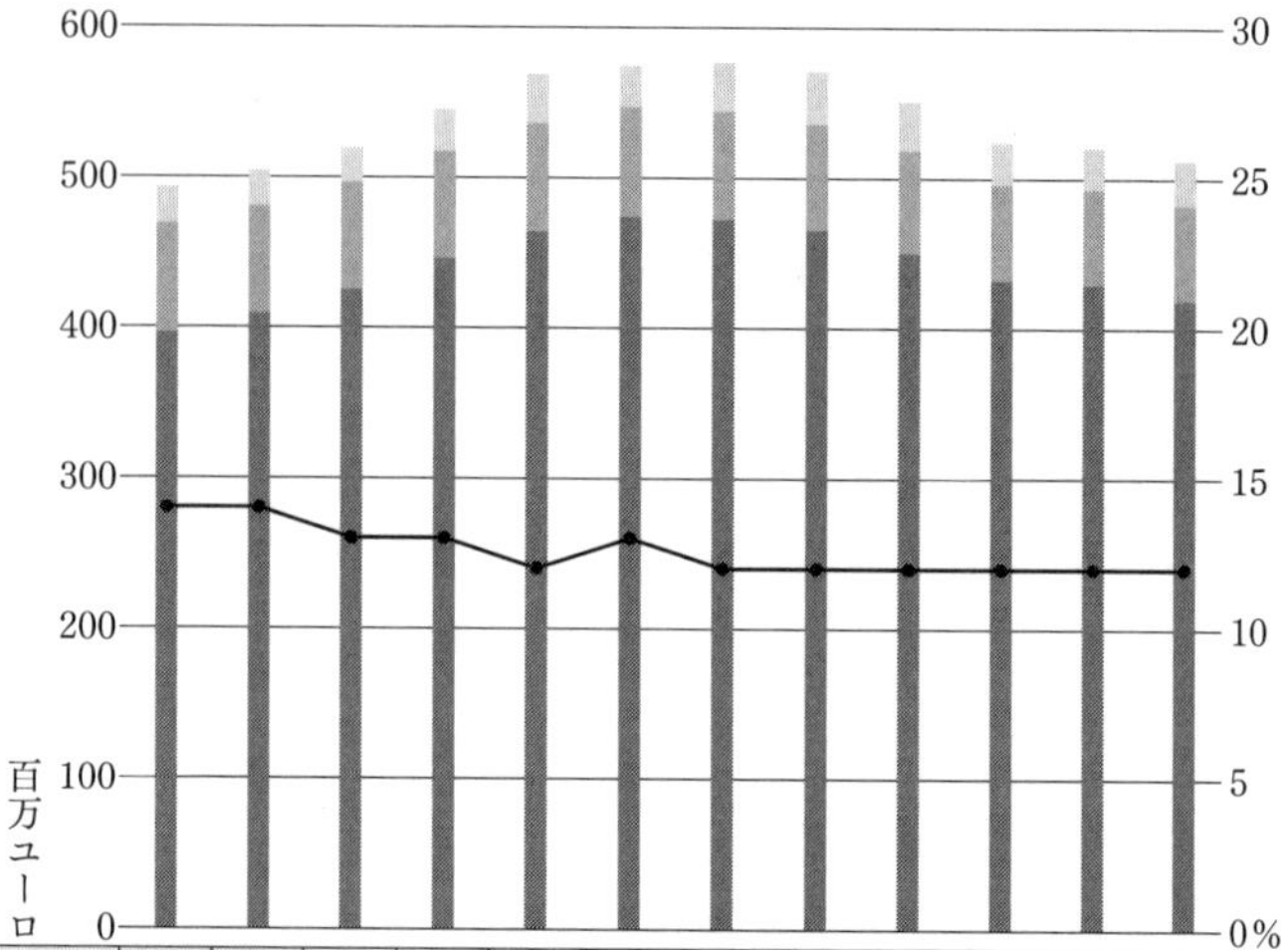

	2005	2006	2007	2008	2009	2010	2011	2012	2013	2014	2015	2016
その他（左の数値）	24.4	23.7	22.4	27.6	32.7	27.4	32.3	35.1	32.6	28.1	27.6	29.9
自己収入（左の数値）	72.7	71.3	71.4	71.1	72.3	73.3	72.7	70.9	68.6	64.1	63.8	63.3
公的資金（左の数値）	395.7	409.0	424.8	445.8	463.6	473.5	471.3	464.6	449.5	431.6	428.9	418.5
会費寄与率（右の数値）	14	14	13	13	12	13	12	12	12	12	12	12

図7　オランダの公共図書館の歳入と会費寄与率

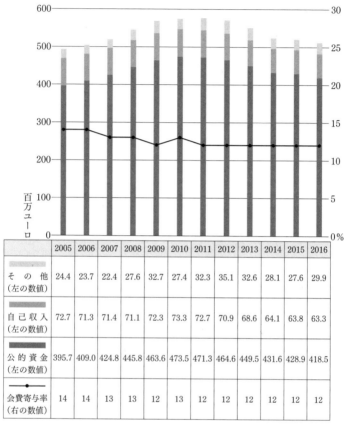

おわりに

オランダの公共図書館は一九七〇年代から九〇年代に大きく伸びた。福祉社会の進展と地方分権化の潮流に乗って自治体レベルで推進され、ネットワーク化も進められた。九〇年代前半には、図書館システム数（一九九三年、六百三）、図書館数（分館を含む、一九九二年、千百九十館）、登録者数（一九九五年、四百五十八万人）、図書貸出点数（一九九二年、一億八千五百十四万点）で、絶頂を極めたといっていい。しかし、そのあと、人々の図書館利用は急速に減少していく。二〇一二年には貸出点数は一億点の大台から滑り落ち、一九年では、六千六百八十三万点、登録者数は三百六十二万人にまで減った。[22]登録者が減り（したがって会費収入が減り）、一人あたりの利用量も減少した。

この状況を察知していた国の文化審議会では、社会のデジタル化の流れのなか、これまでのような自治体単位の図書館運営では公共図書館が今後の状況を乗り切れないとして、二〇〇〇年に公共図書館の再構成に関する「知識へのオープンゲート」という報告[23]を作成し、図書館システムの規模の拡大と、サービス機能・サービス品質を向上させるための公共図書館の再編成を提起した（二〇〇七年のアムステルダム新公共図書館の開館はその成果の一つである）。

一九九九年に五百四十四だった図書館システム数は、十年後の二〇〇九年には百七十一になった（二〇一八年では百四十六になっている）。また、国の主導によって全国電子図書貸出ポータルを設置し[24]、公共図書館の登録者が電子図書サービスを簡便に利用できるよう態勢を整え、さらにデジタル時代にふさわしい図書館のガバナンスが求められているとして、新たな公共図書館法[25]を一四年に制定している。

二十一世紀に入って多くの先進国の図書館は、財源不足や社会の情報化の影響をもろに受けている。ライフスタイルに合った快適な図書館が多くの人を集める一方で、古ぼけた近隣の図書館は忘れ去られていく。あらゆる人々の生涯学習を分け隔てなく支えるには、時代の変化のなかで人々が親しめるサービスを工夫し、コミュニティ基盤としての役割を果たす必要がある。新奇なものに目を奪われがちだが、なぜ図書館が飛躍できないのか、図書館の未来を構築するために、制度面を含めて経営のあり方を議論しておくことが求められている。

注

(1) 菅谷明子『未来をつくる図書館――ニューヨークからの報告』(岩波新書)、岩波書店、二〇〇三年

(2) "Annual Report 2018: Knowledge is power; Libraries make us stronger," New York Public Library, 2018, p. 48. (https://www.nypl.org/sites/default/files/18600_annual_report_2018v19_web.pdf) [二〇二一年三月三十日アクセス]。なお、翌年度から年次報告の形式が変更され、この点がみえにくくなった。

(3) この種のものをこれまで「法人立図書館」と筆者は記述してきたが、法人立図書館というと営利法

人に属する図書館（室）を含むことから、ここでは、非営利という側面を意識するために、「法人（財団）立図書館」とする。

（4）図書館法第二十六条「国及び地方公共団体は、私立図書館の事業に干渉を加え、又は図書館を設置する法人に対し、補助金を交付してはならない」

（5）なお、公的資金を受け入れない法人（財団）立の公共図書館も世界にはある（日本の場合は図書館法の文字どおりの私立図書館）。それについてはここでは触れない。

（6）「『ニューヨーク公共図書館　エクス・リブリス』公開記念パネルディスカッション　ニューヨーク公共図書館と〈図書館の未来〉」（http://moviola.jp/nypl/event.html）［二〇二一年三月三十日アクセス］

（7）山内直人『ノンプロフィット・エコノミー――ＮＰＯとフィランソロピーの経済学』日本評論社、一九九七年、六ページ

（8）永田治樹編著『図書館制度・経営論』（ＪＬＡ図書館情報学テキストシリーズ）、日本図書館協会、二〇一六年、二〇八ページ

（9）"The Public Libraries in the Knowledge Society," Danish Agency for Libraries and Media.（https://slks.dk/fileadmin/publikationer/publikationer_engelske/Reports/The_public_libraries_in_the_knowledge_society._Summary.pdf）［二〇二一年三月三十日アクセス］

（10）このエージェンシーは現在、ほかのものと統合されて、二〇一六年から Danish Agency for Culture and Palaces になっている。

（11）「B.2.4.1 ターゲット集団の利用率」「JISX 0812：2012（ISO 11620：2008）」四九ページ、「kikakurui.com」（https://kikakurui.com/x0/X0812-2012-01.html）［二〇二一年三月三十日アクセス］

（12）ちなみに、図書館員に関しては、前述の報告書の五つめの勧告に「専門職の育成」を挙げていて、

この問題が無視されているわけではない。

（13）Joachim Schöpfel, "Smart libraries," *Infrastructures*, 3(4), 2018.（https://www.mdpi.com/2412-3811/3/4/43/htm）［二〇二一年三月三十日アクセス］

（14）"About School 7," de Bibliotheek KopGroep Bibliotheken.（https://www.kopgroepbibliotheken.nl/school-7/historie/about-school-7.html）［二〇二一年三月三十日アクセス］

（15）"Word lid. Ben je 18 jaar of ouder?"（https://www.denieuwebibliotheek.nl/lidmaatschap）［二〇二一年九月十二日アクセス］

（16）"Memberships and rates," de Bibliotheek Maastricht.（http://bibliotheek.centreceramique.nl/membership）［二〇二一年九月二十八日アクセス］

（17）Frank Huysmans, Carlien Hillebrink, *The Future of the Dutch Public Library: Ten Years on*, Netherlands Institute for Social Research, 2008, p. 32.

（18）*Ibid.*, p. 34.

（19）"Openbare bibliotheken; leden, collectie, uitleningen vanaf 1900."（https://www.cbs.nl/nl-nl/cijfers/detail/82469NED）［二〇二一年九月十四日アクセス］

（20）"Brooklyn Public Library Financial Statements," Eisneramper, June, 30, 2019 and 2018.（https://www.bklynlibrary.org/sites/default/files/documents/about/Financials/Fiscal%20Year%202019.pdf）［二〇二一年三月三十日アクセス］, "The New York Public Library, Astor, Lenox and Tilden Foundations Financial Statements," KPMG, June 30, 2019.（https://www.nypl.org/sites/default/files/f_040410a_1a_19_thenewyorkpubliclibraryastorlenoxtildenfound_fs.pdf）［二〇二一年三月三十日アクセス］

（21）"The Albuquerque Public Library Foundation." (https://www.abqlibraryfoundation.org)〔二〇二一年三月三十日アクセス〕

（22）StatLine, "Public libraries," (https://opendata.cbs.nl/statline/#/CBS/en/dataset/70763eng/table?ts=1588746715709)〔二〇二一年三月三十日アクセス〕

（23）Frank Huysmans and Marjolein Oomes, "The People's palaces: Public libraries in the information society," in Edwin van Meerkerk and Quirijn Lennert van den Hoogen eds., *Cultural Policy in the Polder: 25 Years Dutch Cultural Policy Act*, Amsterdam University Press, 2018, pp. 219-242. (https://www.researchgate.net/publication/328192447_The_People%27s_Palaces_Public_Libraries_in_the_Information_Society)〔二〇二一年三月三十日アクセス〕

（24）"E-books," de Bibliotheek online. (https://www.onlinebibliotheek.nl/e-books.html)〔二〇二一年三月三十日アクセス〕

（25）"Wet stelsel openbare bibliotheekvoorzieningen," Overheid.nl. (https://wetten.overheid.nl/BWBR0035878/2015-01-01)〔二〇二一年三月三十日アクセス〕

第3章　日本の公共図書館をどう育てるか
——システム規模を考える

1　公共図書館は十分にあるのか

二〇二〇年現在、公共図書館は全国に三千三百十六館ある。都道府県立が五十八館（設置都道府県数：四十七）、市区立が二千六百十五館（設置市区数：八百七）、町村立が六百二十四館（設置町村数：五百三十四）、私立が十九館である。[1]私立図書館はおくとして、図書館を設置している地方自治体は千三百八十八であり、都道府県分を除くと千三百四十一が市区町村によるものである。本章では、これら市区町村が設置する図書館システムの運営に焦点を当てる（なお、図書館システムとは、いわゆるコンピューターシステムではなく、〇〇市立図書館などの図書館組織のことである。一つだけの図書館の場合もあるが、中央図書館と分館などからなることが多い）。

日本の市区町村数は、この調査時点で千七百四十一（市区八百十五、町村九百二十六）[2]だから、公共図書館が設置されている市区町村の割合は、七七％になる。町村部の設置率はかなり低く五七・六％で、これが全体の数字を押し下げているが、それを切り離して市区部でみれば公共図書館は九九％設置されている。そして、設置自治体の人口を寄せると、総人口の九七％は図書館がある市区部に居住している。この数値を引き合いに、日本では公共図書館がほぼ国中をカバーしていると主張する向きもある。しかし、自治体ごとに図書館の有無を数えるだけでは、住民数に見合った整備がおこなわれたかどうかはわからない。人々が容易にアクセスできるサービスが展開されてはじめて、この九九％という数値は十分な意味をもつ。

表4(3)は、日本の図書館と先駆的なアメリカ・イギリスと比較したものである。この表のいちばん右の人口十万人あたりの図書館数は、日本では二・五九館、小さな分館までを含めると四万人程度に一館ということになる。この館数はアメリカの約半分、イギリスの四七％程度である。九九％という自治体単位に考えればほぼ飽和状態にみえる状況も、人口あたりでみるとこの程度である。

表4　日本・アメリカ・イギリスの図書館数とサービス対象人口

	図書館システム数*	図書館数	人口（2019年）	10万人あたり図書館数
日本	1,341	3,296館	1億2,707万人	2.59館
アメリカ	9,057	1万6,607館	3億2,823万人	5.06館
イギリス	205	3,667館**	6,665万人	5.50館

* 図書館システム数とは、○○市立図書館などの組織としての図書館単位数。イギリスは図書館行政機関（library authority）の数

**イギリスのこの図書館数は週10時間以上開館の図書館数。全体のサービスポイントは3,802館

2　公共図書館はどれくらいの住民に浸透しているか

図書館を利用している住民の割合を知るには、登録者数、つまり図書館利用カードをもっている住民数をみればいいだろう。

『日本の図書館　統計と名簿　2020』「個人貸出者登録率」[4]で全国的な数値をみると、市区町村立図書館の登録者総数は五千三百三十四万人、そのうち本来のサービス対象である自治体内住民数は千三百四十五万人である。住民でなくとも勤務場所や通学場所が域内にある人々の登録を認める図書館、また近隣の自治体住民が登録できる図書館も多いため、利用者は複数の図書館に同時に登録することが可能で、五千三百三十四万人のほうはそうした人々を足した延べ数である。公共図書館の利用登録率はしたがって純粋に異なり数である自治体内登録者千三百四十五万人を設置自治体人口（一億二千七百四十四万人）で割った一〇・五%になる。これが、日本の公共図書館利用がどれくらいの住民に浸透しているかの基本的な指標である。

『日本の図書館　統計と名簿　2020』では、登録者数五千三百三十四万人のほうを使って、図書館の「人口段階別集計」に登録数（最低値は政令指定都市の「登録率」二七%、最高値は人口三万人未満の市の「登録率」七九%）を表示している。利用者をどのように定義するかはそれぞれの図書館の判断であり、住民以外を登録することに問題はない。しかし、登録率ということならば、その分母は単純な自治体人口数ではないだろう。細かくいうならば、通勤・通学場所がある者を登録者として認めるときには、域外からの通勤・通学者の総数と住民総数を足したものが登録率の算出の分母になるのではないか。『日本の図書館 統計と名簿 2020』に示してある登録率はこの点で水増しの数値というべきだろう。業界の常識かもしれないが、一般の人々にとってはわかりにくい。

もちろん、住民でなくとも勤務や通学の場所が自治体内にあれば登録できることや、公共図書館の広域利用、隣接自治体の住民の登録の許可に反対しているのではない。納税負担と行政サービスとの観点から正確な数値の把握・公表が必要であり、まずは固有の住民の登録率の向上が重要だと述べているのである。デンマークでは数年前まで六〇%ほどあった利用登録率が五%ほど下がり、人々のライフスタイルを考慮してオープンライブラリーという開館時間延長で利用回復に努めている。登録率の動向は見過ごしておいていい問題ではない。しかし、基準があいまいで水増しになっていることが、この議論を妨げている。

なお、第4節「人々が頼りにできるコレクションが確保されているのか」以降で論じるが、コレクションや利用条件の改善を図り、登録率の正確な把握につなげるために、現状の図書館システムを統合することも考えられる。三千九百八十九万人もの外部利用者を抱える現在の状態は、すでにそのことに着手すべき段階になっているのではないか。

3 住民は、公共図書館サービスをどのように受け止めているのだろうか

公共図書館のこれらの統計数値は十分といえる水準にはない。登録率にいたってはかなり深刻である。しかしながら、公共図書館が住民から見放されているわけではない。

例えば、神奈川県秦野市では、施設の老朽化や将来の人口減少に向けての再配置計画の検討のため、すでに三回の公共施設に関する調査を実施している。そのアンケートに「不特定多数が利用できる公共施設のうち、あなたが将来にわたり、優先的に維持すべきと考える公共施設を五つ選び優先順位をつけてください」という設問があり、図書館は残すべき公共施設として常に第一位で、また第二位以下の公民館、総合体育センター、文化会館、保健福祉センターなどが年代ごとにまちまちなのに対して、どの世代からも広く支持を受けているという結果だった[5]。

また、二〇一四年末に国立国会図書館がおこなったオンライン調査「図書館利用者の情報行動の傾向及び図書館に関する意識調査」（以下、「情報行動調査」と略記[6]）をみると、図書館を利用した経験がある者は七五・八％にのぼり、過去一年間（二〇一四年一月から十二月）に利用した者は三九・六％という結果になっている。前述の登録率を考えると年間利用の数字に疑問は残るものの、ほかの世論調査でも三〇％台の利用率が示されているものもあるから、この程度の利用率が採取されるのかもしれない。

こうした事実にも留意しながら、人々が図書館をどのように受け止めているかの日本とアメリカの調査結果を紹介しよう。

まずアメリカのピュー・リサーチセンターが二〇一三年に実施した電話調査[7]である。「もし図書館が閉館になったらあなたやあなたの家族、そしてコミュニティにどのような影響がありますか」という設問に対して、自身や家族に影響があると答えたのは六七％だった（重大な影響がある二九％、ある程度の影響がある三八％、影響はない三二％）。一方、コミュニティとしてはどうかについては、影響があるとする回答が約九〇％にのぼり（重大な影響がある六三％、ある程度の影響がある二七％）、影響はないは七％で、アメリカ社会に公共図書館がしっかり受け止められている様子がみえる。さらに「公共図書館の役割について」（図8を参照）では、あらゆる人々に情報を提供し、学習を支援し、成功のチャンスを与えるものと評価されている。ちなみに、アメリカでは成人の五八％が図書館利用カードをもち、住民の約半数が毎年利用している。

国立国会図書館の「情報行動調査」にも閉館の影響を想定する設問（「もしあなたの住む地域の公共図書館が閉鎖されたら、あなたやあなたの家族にとってなんらかの好ましくない影響があるとおもいますか」）がある（この調査は、ピュー調査の一年数カ月後に実施された）。それによると、影響があるという答えは四六・六％、影響はないとする答えは四五・二％で、日本では「影響がある」がわずかに上回る程度だった。

また、図8に対応する「公共図書館に関する（略）あなたのお考えを選んでください」（図9）という設問があり、図8の②と同様に「無料での資料閲覧や、インターネットの利用などができるの

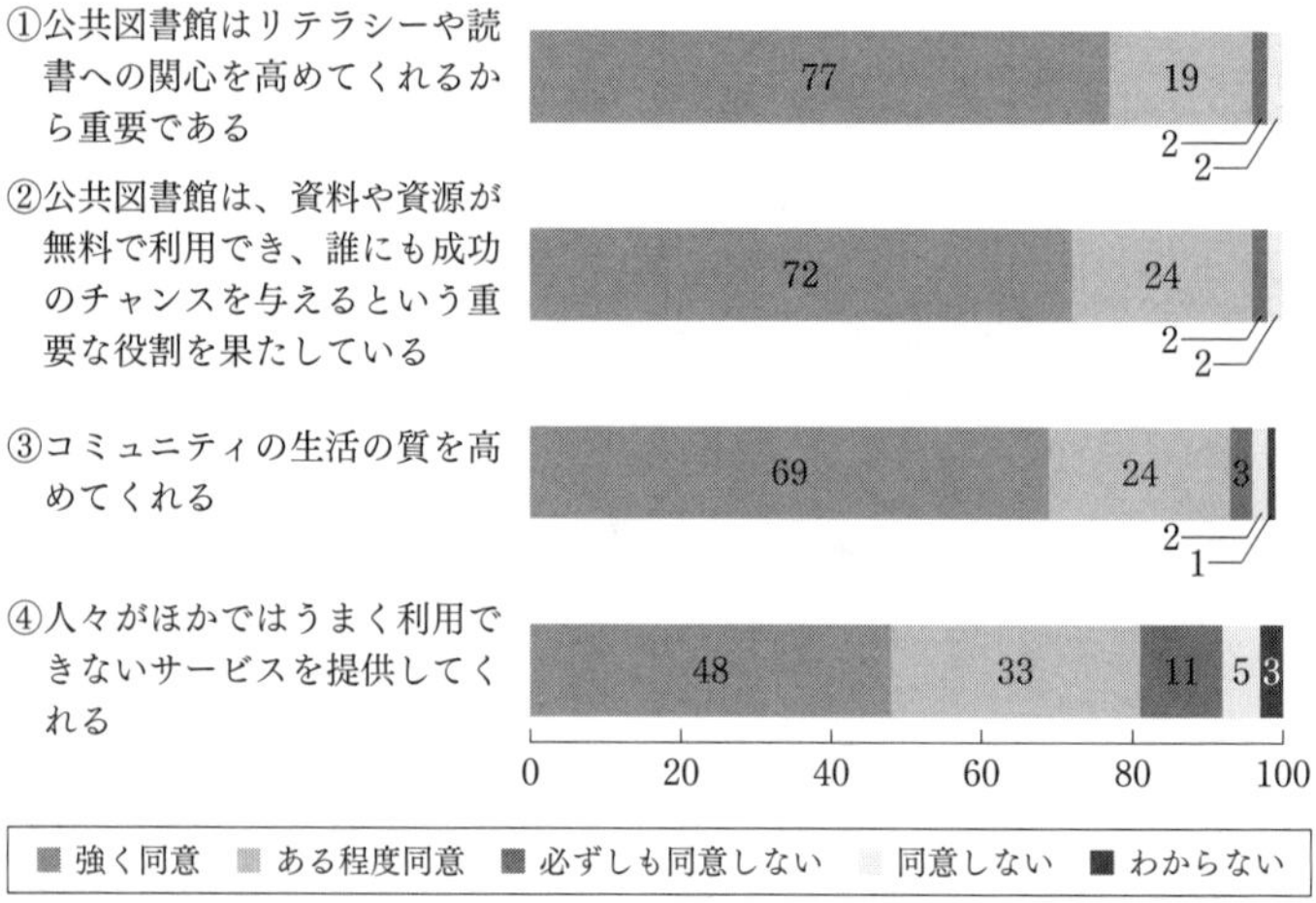

図8　公共図書館の役割について（ピュー調査）

で、全ての人に平等な機会を与えるのに重要な役割を果たしている」かを尋ねていて（図9の1）、同意が七一・一%だった。アメリカの結果は九六%の同意だった。また、図8の③の「コミュニティの生活の質を高めてくれる」（ほぼ同じ文意）については、日本では六五・九%（図9の6）、アメリカでは九三%だった。数値にはかなり差はあるものの、日本とアメリカで同じ方向で受け止められているといえるだろう。

　残りの図8の①の「リテラシーや読書への関心を高めてくれる」は情報行動調査では「5、公共図書館は、読書好きや教養を育むため、重要である」という設問が類似し、七九・七%という高い割合の同意である。ただし、「リテラシー」そのものを尋ねてはいない。また、④の「人々がほかではうまく利用できないサービスを提供してくれる」は、それと等しい表現の設問はなく、「4、公共図書館はほかで探すための手段がない人に多

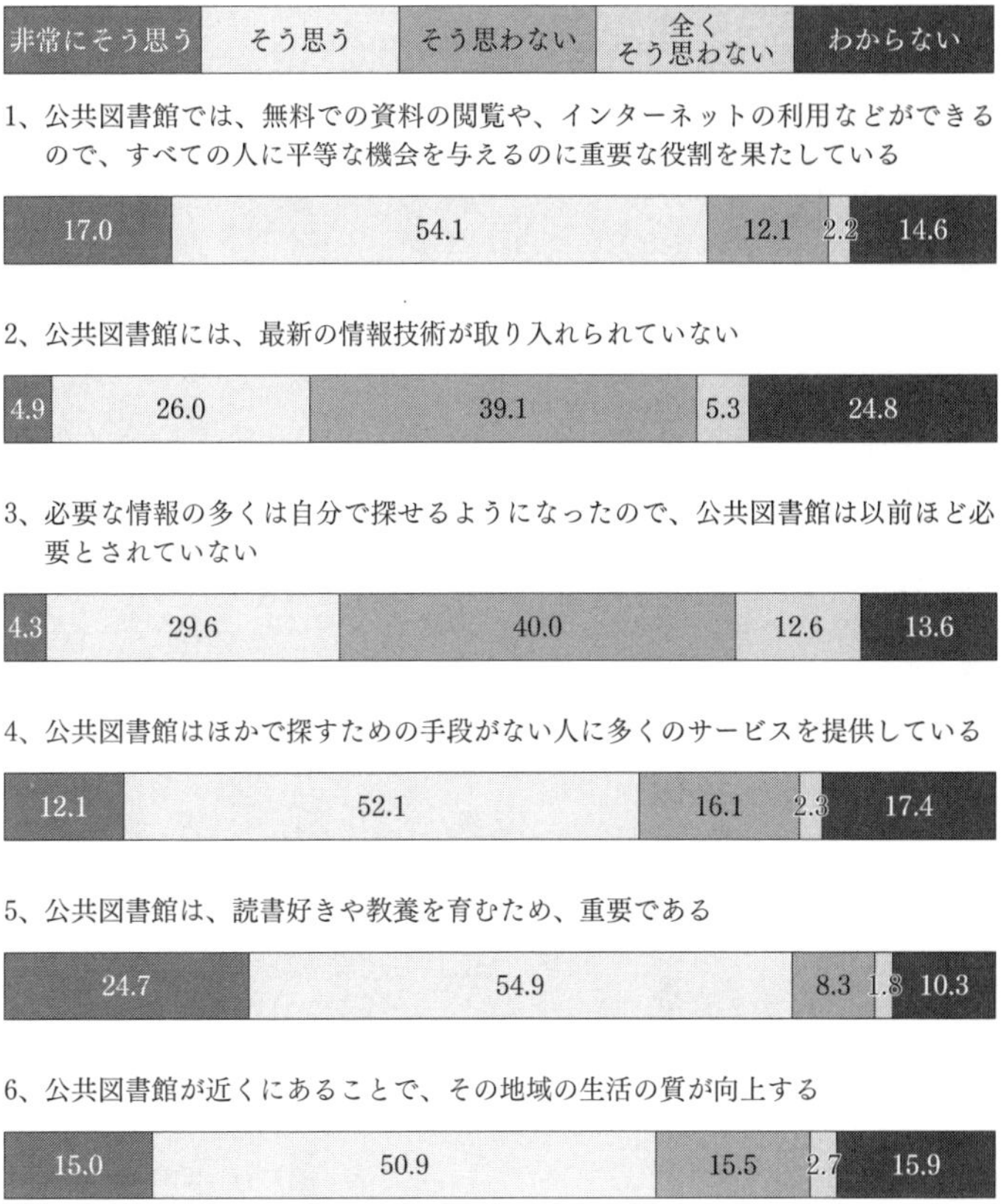

図9　公共図書館に関する以下の1-6の意見について、あなたのお考えを選んでください（国会調査）

くのサービスを提供している」と、否定方向の「3、必要な情報の多くは自分で探せるようになったので、公共図書館は以前ほど必要とされていない」が関連するものと思われる。ピュー調査④の趣旨は、図書館特有の（利用者支援を含む）サービスの認知を尋ねるものだと思われるが、ここでの設問では手段をもたない者へのサービス状況（図9の4）を尋ねていて、②への対応設問と意味が重なるようだ。六四・二％が同意、一八・四％不同意だった。もう一方の情報環境の変化によって「3、必要な情報の多くは自分で探せるようになったので、公共図書館は以前ほど必要とされていない」という設問では、三三・九％も同意で、五二・六％が不同意だった。図書館の役割が減退したとみる者が三〇％を超す。

日本での人々の図書館サービスに対する受け止め方は一見、アメリカと類似しているようだが、その差異は相当大きい。

4　人々が頼りにできるコレクションが確保されているのか

公共図書館に対する日本とアメリカの人々の受け止め方の差異は、図書館サービスのあり方の違いによるものだともいえるし、また受け止め方の違いが図書館サービスに反映したという循環的な議論もあるだろう。そこで、図書館サービスの基盤であるコレクションの状況から、問題のありかを探ってみよう。コレクションとは、図書館が収集するすべての資料を指し、例えば、図書、雑誌、視聴覚資料、電子書籍、データベースなどである。

『日本の図書館 統計と名簿 2020』によれば、日本の公立図書館の「蔵書冊数」は、四億五千五百四十五万冊、図書館設置自治体人口（都道府県立図書館があるから全人口）は一億二千五百八十三万六千人なので、一人あたりの蔵書数は三・六冊になる。一方、*Public Libraries in the United States Results from FY2019 Public Library Survey.*（『合衆国公共図書館調査二〇一九』）[8]でアメリカの指標をみると、一人あたりの資料数は五・六とあり、内訳として図書が二・二、電子図書が一・九、AV資料一・一、ビデオ資料〇・三になっている。アメリカでは、電子書籍など新しいメディアが増加しつつあり、図書のコレクション全体での割合が年々減少している（図書は、二〇一七年を起点とした十年前の比較ではマイナス一七・一％。オーディオやビデオ資料を合わせた全体では一人あたり五・〇点で一〇年から五九・一％の増大、電子図書に限っていえば三一八八・二％増）。ここでは、やや大雑把ではあるが、日本の公共図書館のコレクションについて、この程度の量が確保できる状況だと理解しておく。

それでは、量としての大きさではなくコレクションの網羅性、つまり資料が十分な広がりをもって収集されているかどうかという点はどうだろう。大場博幸らによれば、二〇〇六年上半期に国内で刊行された出版物をどの程度公共図書館が所蔵しているかの割合を一〇年のカーリルのウェブサイト（都道府県立図書館や公民館図書室も含まれている）で調べたところ、公共図書館は総体として出版点数の八二・二％を確保している結果だったという。これは「日本全国の公共図書館をくまなく探せば、日本で出版された近刊図書の八割は見つかるということ[9]」を意味する。この検証は、過去にさかのぼった蓄積を除外しているが、確かに八二・二%は予想以上の数値である。

ただし、八二・二%という数値が直ちに公共図書館のサービスの水準につながるものではない。この確率で私たちが公共図書館で資料を見つけて入手できるのは、各図書館システムが透過的に結ばれた全国的な仕掛けが存在し、それが完璧にはたらいた場合である(民間が開発したカーリルはその役目を果たすことができるが、所在情報に関しては網羅的検索は一挙にはできない)。国立国会図書館サーチ(NDLサーチ)に統合された国立国会図書館総合目録ネットワーク(ゆにかねっと)は、都道府県立図書館と政令指定都市立図書館は検索できるが、ほかの市区町村図書館のデータは検索できない。そもそも私たちの公共図書館システムは自治体ごとに構成されているものであり、ときには近隣の市区町村同士や都道府県内で資料を融通しあう協力が存在するが、その場合も一定の手続きや制約があって、いつも円滑なサービスにつながるとはかぎらない。公共図書館界には、前述するような全国的な仕掛けは現在のところ存在しないから、この八二・二%はいわば運がよければの最大値である。

人々が必要とする資料を融通しあうためには、ネットワーク体制の整備と相互協力サービスは意味がある。ただし、協力活動のベースは、各図書館システムであり、それぞれが大きな力をつけていればネットワークはより高い効果を発揮する。まずは、個別の図書館システムの強化に焦点を当てることが急務である。そこで、人々が頼りにできるコレクションを整備し、サービス態勢を強化するため、図書館システムの規模の議論を提起したい。

5　二つの都市の図書館システム比較

事例を一つ挙げて考えてみよう。二つの都市の図書館システム構成の比較である。表5にみるように、東京二十三特別区とニューヨーク市とは人口も面積も同じくらいで、図書館数も、東京二十三特別区が二百二十七館、ニューヨーク市が二百二十三館と匹敵している。また全体の蔵書冊数の合計は東京二十三特別区二千七百九十四万冊（東京都立中央図書館の二百十万冊を加えて三千四万冊）に対してニューヨーク市は三千十万冊（印刷資料だけ。電子図書や視聴覚資料を含めたコレクション数は三千四百六十万点）である。

しかし、図書館システムの様子はずいぶん違う。ニューヨーク市には、マンハッタンとブロンクス、そしてスターテン島をサービス区域とするニューヨーク公共図書館と、クイーンズバラ公共図書館、ブルックリン公共図書館の三つしかない。それぞれは中央図書館や研究図書館（例えば、ニューヨーク公共図書館には、ライオン像がある研究図書館のほか、パフォーミング芸術図書館、ションバーグ黒人文化研究センター図書館）と、地域分館で構成されている（なお科学・産業・ビジネス図書館は二〇二〇年に新装されたミッドマンハッタン図書館に組み込まれた）。それに対して、東京には二十三の区にそれぞれ独立した区立図書館システムがあり、それぞれが基本的には中央図書館と分館という構成である。

表5　東京23特別区とニューヨーク市の公共図書館の構成

	東京23特別区	ニューヨーク市
自治体数	23区	5バラ／カウンティ
人口	949万人	842万人
面積	619平方メートル	784平方メートル
図書館システム数	23	3
図書館総数	227館	223館 （92館＋71館＋60館）
コレクション数	2,794万 （23区のうち最大が杉並区の200万）	3,460万 （NPL：2,527万＋QL：567万＋BPL：366万）
経営形態	公立（公的資金）	財団（法人立：公的資金＋外部資金）

（出典：“The Nation's Largest Public Libraries: Home,” American Library Association.〔https://libguides.ala.org/libraryfacts/largestlibs〕［2021年9月11日アクセス］）

この両都市間の図書館システムの規模の違いが、サービスの基盤になる図書館コレクションのあり方に大きな影響を及ぼしていると思われる。表5にみるように、ニューヨーク市の三つの図書館システムのコレクション数は、二十三特別区の図書館システムのものよりもずっと多い。しかし注目したいのは、コレクション数が多いことだけではなく、コレクションに広がりがあることである。OCLC（世界最大の書誌ユーティリティ）の「WorldCat」にエントリーしている目録（記入）数（つまり、異なるタイトルの数）が大きいことで、それは示されている。全米でニューヨーク公共図書館が一位、クイーンズバラ公共図書館が五位、ブルックリン公共図書館が十五位[10]である。ちなみに、ブルックリン公共図書館の年次計画は、住民の多様なニーズを満たすために、この順位の向上を目標に掲げていた。

実際、この環境ならば必要な情報を手にできる可能性は高い。例えば、ミッドマンハッタンのスタヴロス・ニアルコス財団図書館のビジネスセンターで住民が取引先を探すためのディレクトリーを調べ、また市場の状況や関連法令を把握するために各種データベースを使って求めていた情報にたどり着く。図書館員も相談に乗ってくれるし、相談会も頻繁にあって、そこには人々が頼りにできるコレクション（とサービス）が存在する。そして、分館は地域コミュニティのセンターであるとともに、基本的にはポピュラーライブラリー（一般的な教養・娯楽資料をそろえている図書館）として機能している。

一方、東京二十三特別区の図書館に出かけても、ニューヨークと同じレベルのコレクションや図書館員の支援を期待するのは難しいだろう。コレクションの量的規模は、東京二十三特別区もニューヨーク市と近似だが、図書館システムは小さく区分けされているので収集範囲が狭くなり、個別の図書館システム内ではさほどの重複が発生しないとしても、二十三特別区全体でみれば相当の重複が生じる。このようなシステムのあり方が、東京の図書館の広がりを縮退させている。多様な人々の要求に対応するために、図書館システムの枠組みを変えることによって、コレクションを広げ、そして図書館サービスのあり方も変える必要がある。

6　システム規模の見直し

日本の公共図書館のシステムは、原則として基礎自治体ごとに構成してきた。図書館にとってそれでいいかどうかはあまり議論がない。ただし、基礎自治体のあり方は、急速な社会の発展のなかで規模の見直しが再三おこなわれ、市町村合併が推進されている。一九九〇年代以降、半数近い基礎自治体がなくなった。図書館システムも当然、この影響を受けてシステムの統合がおこなわれた。そうした合併に沿って図書館システムはより大きくなりつつあるが、図書館が果たすべき役割の面から再検討されたという話はあまり聞かない(11)。

これまで、市町村という基礎自治体単位の図書館システムは、たいてい貸出サービスを中心とするものになっていた。数多くの人々が読む書籍が中心になる貸出用コレクションは、収集範囲が限定されるために、要求が合致しない人々にとっては図書館には求める資料はないと見なされてきた(これが低登録率の主要因かもしれない)。また一定期間は多く貸し出されるが、それが過ぎると新しい読み物に更新され、廃棄されていく。これまでの基礎自治体の単位では、調査研究用コレクションや長期保存機能は範疇外だったといっていいだろう。

さらにいくつかの自治体が合併すると、複数の図書館でこうしたコレクションが重複することになり、行政改革の一環として図書館の閉館や廃止が提起されることもある。そして住民の反対でかろうじて存続が決まって、図書館は地域住民にとって必要な施設だと納得して現状にとどまってしまう。しかし、人々のニーズが多様化し、求める情報が複雑化した社会では、これまで収集・提供してきた資料だけでは対応できない。合併で規模が見直されるときこそ、これまで範疇外だった分野も含めて、もっと広がりと深さがあるコレクションを構築する必要がある。また、行政システムの動きとは別に、近年の情報化の進展もある。現代は膨大な情報が生産され流通している。それは科学技術の分野だけではなく生活やエンターテイメントなどの領域にまで及び、また、紙媒体だけでなく、さまざまなメディアが活用されるようになっている。公共図書館はこうした変化に伴う状況に対応せざるをえず、これまでのままではいられない。

現在の状況を概観すれば、こうした動向が交錯するところに図書館システムの問題はある。もちろん、このような状況は日本だけの問題ではなく、諸外国の図書館行政でも政策転換が迫られている。かなり前から基礎自治体単位ではないシステム規模を取ってきた国もあるが、近年、図書館システムの役割が大きくなり、広域の図書館システムに変更した国々もある。手厚い図書館行政で有名なデンマークでも、すばらしい図書館を次々と登場させているオランダでも、自治体合併に合わせて図書館システムを新しい段階に引き上げる努力をしている。いずれも全国的な視点でこの問題をとらえ、図書館システムを再編し、機能強化し、またそのうえに公共図書館を支援するネットワークの充実化を図っている。

個別の図書館でどのようなシステム規模が最適かを判断するには、本章で提起した観点だけでなく、その図書館のパフォーマンスの問題[12]や人々のさまざまな価値に関わる観点も必要である。まずは実際の図書館の状況がどうなっているか分析し、これまで取り組んでこなかったような方策も含めて検討するのでなければ、この状況は打開できない。そのために、図書館のコレクションやサービスがどう受け止められているのか、図書館が人々に役立っていると思うか思わないかなどのエビデンスもきちんと収集・提示し、地域住民が必要としているコレクションやサービスは何かを明確にしなければならない。

例えば、そのための判断の基準に使えるものとして、図書館のインパクト（影響）評価がある。日本語文献がないことから日本ではあまり知られていないが、国際的規格として「図書館のインパクト評価の方法と手順　ISO 16439:2014」[13]がある。これは人々や地域、あるいは社会に対して図書館がどのような影響を及ぼしているかを把握するための手法を示した文書である。本書の巻末に「図書館のインパクト評価の方法と手順　ISO 16439:2014」として、この勧告でインパクトとして挙げられている表の全体を所収している。

注

（1）日本図書館協会図書館調査事業委員会日本の図書館調査委員会編『日本の図書館　統計と名簿2020』所収、日本図書館協会、二〇二一年。一部をウェブサイトに掲載（https://www.jla.or.jp/Portals/0/data/iinkai/chosa/pub_shukei2020.pdf）［二〇二一年八月二十九日アクセス］。

（2）自治体数は同書に基づく。

（3）日本の数値は同書のもの。アメリカは Institute of Museum and Library Services, "Characteristics of Public Libraries in the United States: Results from the FY2019 Public Libraries Survey," IMLS, 2021. (https://www.imls.gov/publications/characteristics-public-libraries-united-states-results-fy-2019-public-libraries-survey)［二〇二一年九月二十五日アクセス］、イギリスの図書館システム数は Chartered Institute of Public Finance and Accountancy, *Public Library Statistics 2018/19. Estimates And 2017/18 Actuals*. CIPFA, 2019、また、図書館数は、House of Commons Library, "Public libraries," Briefing paper, no. 5875, 2021, p. 23. (https://commonslibrary.parliament.uk/research-briefings/sn05875/)［二〇二一年三月二十九日アクセス］。

（4）同書二四ページ

（5）秦野市政策部公共施設再配置推進課「平成26年度 公共施設に関するアンケート調査及び分析結果」、二〇一五年（https://www.city.hadano.kanagawa.jp/www/contents/1001000003505/simple/h26webanque.pdf）［二〇二一年三月二十九日アクセス］

（6）国立国会図書館関西館図書館協力課「図書館利用者の情報行動の傾向及び図書館に関する意識調査」国立国会図書館、二〇一五年（http://dl.ndl.go.jp/info:ndljp/pid/9111358）［二〇二一年三月二十九日アクセス］

（7）「アメリカ人はコミュニティの図書館をどのように評価しているか」"How Americans Value Public Libraries in Their Communities," Pew Research Center, 2013.（https://www.pewresearch.org/internet/2013/12/11/libraries-in-communities/）［二〇二一年三月二十九日アクセス］

（8）Institute of Museum and Library Services, op. cit. 十年前との比較は Institute of Museum and Library Services, "Public Libraries in the United States Survey, Fiscal Year 2017," IMLS, 2020.（https://www.imls.gov/sites/default/files/publications/documents/publiclibrariesintheunitedstatessurveyfiscalyear2017volume1.pdf）［二〇二一年九月二十五日アクセス］

（9）大場博幸／安形輝／池内淳／大谷康晴「図書館はどのような本を所蔵しているか――2006年上半期総刊行書籍を対象とした包括的所蔵調査」、日本図書館情報学会編「日本図書館情報学会誌」第五十八巻第三号、日本図書館情報学会、二〇一二年

（10）Brian Lavoie, "The Top 25 US Public Libraries' Collective Collection: as Represented in WorldCat,"

OCLC Research, 2011. (http://www.oclc.org/content/dam/research/publications/library/2011/lavoie-ndpl.pdf)［二〇一一年三月二十九日アクセス］

(11) 日向良和「市町村合併時の公共図書館における課題――「平成の大合併」に関する実態調査」、三田図書館・情報学会編「Library and Information Science」第六十三号、三田図書館・情報学会、二〇一〇年、一―一八ページ

(12) 池内淳の「公共図書館の最適規模に関する実証的研究」(三田図書館・情報学会編「Library and Information Science」第四十六号、三田図書館・情報学会、二〇〇一年、一―三六ページ)では、図書館機能の効率性の観点から規模の議論を取りまとめている。

(13) ISO16439:2014: Information and Documentation: Methods and Procedures for Assessing the Impact of Libraries, ISO, 2014.

第4章　図書館とコミュニティ

――イギリス公共図書館の展開

はじめに

知識・情報を探してそれを入手しようとするとき、もし図書館（いまでは「Google」などの検索エンジンジンも）がなければかなり苦労する。知識・情報を誰もが出入り自由な場所に集めて利用できるようにしてあれば、人々はそこを訪れて目指すものを入手できる。つまり、図書館にはそのように知識・情報を入手する手間や努力を極小化する社会的な工夫があり、これを利用するためにまとまった一群の人々が寄り集まる。「どのような図書館にもそのコミュニティがある」と言い表されるところである。しかし、発生的には図書館ができてコミュニティが形成されたというのではなく、あとで触れるようにコミュニティが図書館を作り上げてきた。知識・情報の普及のためのこの仕掛けを通じて、それを共有する人々をつなぐ役割を果たすものでもあった。

対象になるコミュニティとの関わりでいえば、現代の図書館には地域のコミュニティに対応した公共図書館、教育段階ごとのコミュニティを考慮した学校・大学図書館、また専門的領域や特定ニーズのコミュニティを支える学術図書館や専門図書館がある。これらは必ずしも排他的な関係ではない。また近年の情報ネットワーク社会では、コミュニティの広がりは現実の社会だけでなく仮想なものにまで及ぶ。

本章では、これら全部を取り上げるのではなく、公共図書館とコミュニティ（ここでいうコミュニティとは、人々が属し、かつ構成員の間に連帯や助け合いの意識がはたらくような集団）の関わりを歴史的にたどり、その事例としてイギリスでの歩みを取り上げる。というのも、イギリスは公共図書館を最も早く生み出した国の一つであり、また一九七〇年代以降、日本の図書館が急速に発展する際の指針（例えば『市民の図書館』など）として、とくにイギリスの公共図書館を参考にしたことによる。[1] それに加えて近年のイギリス社会では、公共図書館が衰退する状況のなか、行政から離れてコミュニティが支える図書館が増加したことにも目がいく。

本章では、イギリスの公共図書館がその歩みをどのようにたどったかを探り、公共図書館とコミュニティとの関わりについて考える。

1 「市民的」公共図書館の展開

公共図書館法の成立から二つの大戦まで

一八五〇年にイギリスの公共図書館法は成立した。トーマス・ケリーは、『イギリスの公共図書館』でこれを次のように言い表した。「一八三二年の選挙法改正法に始まる、かの一連の社会改革立法の一部で、（略）より具体的には、公共図書館は、慈善主義的であり、良心の責めを感じた中産階級が、それによって多数の貧困者を救い、そして同時に正直と禁酒と従順の習慣を教え込む手段の一つであった」[2]。産業革命後、労働者を市民社会という新たな様相のコミュニティに組み込んでいく（「よき市民」に仕立て上げる）必要があり、図書館はその役割を担ったというのである。

ビクトリア時代を通じてイギリスは飛躍的に発展し、近代市民社会が史上最初に確立された。大英帝国の繁栄のなかで、「一八九〇年代中頃には、毎年約二十館の新しい図書館がサービスを開始し、一九〇五年から一九〇七年までの三年間には、百以上の新しい図書館行政機関〔地方自治体にあって図書館を担当する機関。これが図書館の組織単位になる：引用者注〕の設置をみた」[3]という。次の課題は、そのサービスを都市部だけではなく農村部にも普及させ、全国的に展開することだった。第一次世界大戦中の一九一八年末までには図書館行政機関の数は五百六十六になり、それによって人口の六〇％以上の人々を公共図書館がカバーするまでになった。そして、新たな公共図書館法（一九一九年）が成立した[4]。

それまで労働者向けだった公共図書館には閲覧室と貸出室は備わっていたが、参考室がない図書館も多かった。しかしこのころになると、一部の都市の図書館で大規模な参考コレクションが整備され、それを機に、図書館の利用がさまざまな社会グループにも広がり始めた[5]。一九二七年の「ケニヨン報告」は、図書館活動には「いくつかの目的（教育、レクリエーション、商工業に対する情報提供、研究者への援助、よき市民の育成）が入り混じっているが、いずれの目的をとってみても社会階級との直接的な結びつきは全くない[6]」とした。一八五〇年に始められた新規の「よき市民」をつくる公共図書館の活動領域が、市民全体に及び始めた[7]のであり、アリステア・ブラックとデーブ・マディマンは、五〇年から一九四〇年までの九十年間を「市民的」公共図書館の時代と命名した[8]。

コミュニティのための図書館の展開

ヨーロッパは再び戦禍に見舞われた。戦争が「国家総力戦」になったので、戦後、イギリス社会を再建する政策を国家レベルで打ち立てるために、積極的に社会保障制度を充実して国民生活の安定を図ろうとする集産主義的な社会改良策（「ビバリッジ報告[9]」）が受け入れられた。いわゆる福祉国家政策といわれるもので、第二次世界大戦後に労働党政権がこれらを着々と実施した。この過程で、イギリス経済を好転させるために社会政策と並んで種々の教育政策も推進された。

公共図書館に関しては「マッコルヴィン報告[10]」が重要な役割を果たした。公共図書館サービスの維持が民主主義社会の各構成員と同様にコミュニティ全体にとっても重要だと説き、公共図書館活動を推進するための「将来への提案」を策定した[11]。

この提案は、「中央政府の影響力が危険視され市町村の自律性の価値が強調され[12]」ていたそれ以前の公共図書館報告書とは大きく異なった。もっと効果的な図書館サービスを確保するためには、もっと広域の「図書館サービス単位」を創設すべきだとして、図書館行政機関数六百四を九十三に減らし、[13]それらを中央政府の行政当局のもとで助成し、かつ図書館行政機関同士が相互協力の態勢を整えるべきだとした。地方自治体からの強い反発もあったが、その後の地方自治体の改革や公共図書館への社会的な後押しもあり、カウンティレベルで図書館を構成するこの考え方が、一九六四年の公共図書館法[14]に結び付いた。

また、これによって公共図書館の設置がイギリス史上初めて地方自治体の義務と規定され、包括的なサービスが盛り込まれたのである。ケリーは、『イギリスの公共図書館』で「コミュニティのための図書館」という章を設け、この時期に急増した図書館の建設の様子を写真つきで紹介しながら、利用者調査の結果を踏まえて「現代の公共図書館はコミュニティのすべての階級にサービスを提供していて、実際には労働者階級的であるよりもむしろ中産階級的になりがちである」[15]と指摘している。イギリス史上最も公共図書館活動が高揚した時期であり、サービス展開でコミュニティの人々を、階級差を意識せずにとらえることができた、いまとなっては「古きよき時代」といえる。

ちなみに、前述のように、この時代のイギリスの枠組みが日本の『市民の図書館』の下敷きになった。[16]イギリスではマッコルヴィンが奮闘した図書館行政機関改革（機能しうる大きさの「図書館サービス単位」）の問題もすでに進展していた。『市民の図書館』の執筆者グループでもそのあたりを含めた議論もあったのかもしれない。「市町村立図書館は公共図書館の中核である」という原則を打ち出し、そのなかの柱の一つとしての図書館の組織網（全域サービス）の重要性は述べているが、第3章でみた規模やコレクションの質への視点はない。

2　コミュニティの亀裂と新しいコミュニティ・アプローチ

コミュニティの変容――「文化革命」という衝撃

第二次世界大戦からの復興とそのあとの経済成長のなかで、先進諸国では一九六〇年代には完全雇用が達成されて人々の暮らしがよくなった。労働者階級も市民としての諸権利を獲得し、また女性が参政権を獲得するとともに労働市場に参入した。さらに、公民権運動として展開された人種差別問題も解決の行方が定まり、七〇年代にはすべての人々が平等に包摂される社会が到来すると考えられた。日本も、六〇年代の高度経済成長後、このような国のグループに加わるようになっていた。明るい未来が望める時代だった。

ところがこの間に、私たちの暮らしに関わる大きな変化が起きていた。歴史家エリック・ホブズボームが「文化革命」[17]として描いた状況である（欧米では一九六〇年代から七〇年代にかけて進行）。女性解放などの社会的自由化の流れのなかで、法律による性的条項（離婚や人工妊娠中絶、あるいは同性愛などに対する）が緩和された。また、若者層が作り出した文化の革命（下層階級の音楽・衣服・言語などの受容）が、私たちの男女関係のあり方や世代関係の構造を急速に変えた。人々の私的生活がいっそう「解放」され、それまで許されなかった、あるいは逸脱と考えられていた行動が公然と出現した。この文化革命は「社会にたいする個人の勝利、あるいはかつて人間を社会組織に組み込んでいた糸目を切断したもの」として、副作用をもたらした。その結果、それ以前の文化をもつ世代は、古い行動の慣習がくつがえされたと感じ、「アノミー的な社会以外のものは知らない若者との間の相互理解は不可能[18]」になって、風俗・習慣・文化などを共有していたコミュニティはしばしば不安定な状態に陥り、これまでとは異なった亀裂が走るようになった。

さらに、オイルショック後の経済危機がこの事態をもっと難しい状況に導くことになった。そして、その対応にいわゆる「新自由主義」が採用された。マーガレット・サッチャーの「個人と家族があるだけで、社会はない」という発言に象徴されるように、自己責任を負えない逸脱する者は排除されることになった。マイノリティの人々、異質さが見た目にもはっきりわかる人々、議論の余地がない明確な価値観をもたない人々などが、労働市場だけでなく社会的関係などでも排除に直面するようになった[19]。しかし、それらは必ずしも自己責任とはいえない差異でもあった。

戦後の繁栄と福祉国家は、確かに一時は経済的安定と社会の統合を進めた。公共図書館のサービスもすべての階層に拡大された。しかし、それに続いた文化革命は、種々の不平等などを解消するものではあったが、同時にこれまで許されなかったことや逸脱を公然化させ、以前とは違った差異や対立の状況をコミュニティ内に作り出した。

コミュニティライブラリアンシップという挑戦

社会保障政策による国民負担の増加や国有化などの産業保護政策による競争力低下のため、イギリス経済は一九六〇年代から停滞し、労使紛争も頻発した（「ヨーロッパの病人」といわれ、日本ではこれを「イギリス病」と称した)。七〇年代後半には、財政破綻から福祉経費は縮小され、公共図書館についてもほかの行政サービスと同じく経費削減がおこなわれた。それとともに、人々は「これまでと異なった」忠誠の対象やアイデンティティを意識するようになり、「イギリス」文化――階級、家族、帝国、地域、市民の一体性に関する言説――も多様化していた[20]」。前項で述べた文化革命後の状況である。

一九七九年のイギリス国民の選択は保守党への回帰で、サッチャー政権が誕生した。この政権は、地方予算の統制・削減を強化したり、大ロンドン行政庁などを廃止したりといった地方政府の「合理化」を進めた。そのために地方ではこれを地方自治への攻撃だと受け止めて「コミュニティ」への関心を高め、コミュニティに根付いた運動を応援するようになった。「「急進的な」自治体ではコミュニティライブラリアンシップを試す機会が得られた[21]」といわれる。ここでいうコミュニティライブラリアンシップとは、コミュニティ住民(とくにマイノリティ)のニーズに沿って図書館サービスを変革しようという立場である。

この改革運動にはいくつかの流れが生まれた。ブラックらの整理によれば、主流をなすグループと、もっと急進的なグループ、それに少し位相は違うが、広く人々の意向に即応しようとするグループがみられるとする。これらを取りまとめたのが表6[22]である。

主流派はコミュニティの恵まれない人々と不平等の問題に関心を示し、図書館サービスをそちらに向けようとした。それに対して、急進派は、排除された人々はほとんど図書館を使用していないから、積極的に地域に入ってそれらの人々を支援する「アウトリーチ」(あるいはコミュニティサー

表6　1980年ごろのコミュニティライブラリアンシップの観点

	主流派（福祉主義）	急進派	即応派（消費者主義）
コミュニティのとらえ方	連帯主義者的 相互依存的	グループアイデンティティと文化	原子論的 個人主義的
利用者への姿勢	温情主義的	参加的 発達的	市場主導
特徴的なサービスの型	利用者グループへの特別サービス：福祉情報	アウトリーチ コミュニティグループへの支援	需要の充足（満足） 大衆的余暇 地域の情報
経営方式	行政計画	参加的 チームワーク	起業家的 能動的
制度文化	官僚的 営造物中心 専門職的	分権的 拡散的 地域性に基づく	経営効率 イメージ重視
配慮する原理	不利益	不平等 解放運動	金額に見合った価値 消費者の選択

ビスと称してマイノリティなどをターゲットにするサービス）の方向に進んだ。他方、即応派はコミュニティを基本的には個人が集まったものととらえ、公共図書館サービスを要求に即応できるものにしようとした。

三つのグループの利用者への姿勢は、温情主義的だったり、主体的な参加を求めたり、コミュニティの意向に対応すべきだとしたりした、と表現できるだろう。特徴的なのは、主流派が行政サービスの規範のもとにとどまるのに対して、急進派はコミュニティの側からの視点で、それとは相対する立場を取る。即応派は、基本的な価値を急進派とは違った意味で人々の側に置き、消費者主義だった。

コミュニティライブラリアンシップは、伝統的な図書館のあり方をコミュニティ側にさらに寄せたものだといえるが、「一九八〇年代半ばの時点でも、公共図書館は基本的には専門職官僚制のもとにあった。そのことは、コミュニティを志向するサービスに公共図書館を改編しようとする試みには重大な障害であった[23]」と指摘されるように、結局は図書館サービス行政の文化を変えるものではなかった。そうこうするうちに、さらにサッチャーの政府は新しい公共経営（NPM：New Public Management）といわれる政策を提示した。財政の抑制、競争原理の導入、住民にとっての税の支払いとサービス享受の関係づけ、ボランタリー部門や民間セクターの拡大などである。こうした政策転換による公共図書館への直接的な影響はさほどではなかったとはいえ、指針として公共図書館の活動を限定的にしか認めず（印刷物だけの貸出・レファレンスサービス利用だけ）、財政支出の増加はありえないことが表明された。「コミュニティライブラリアンシップ」が目指していたマイノリティへのサービスなどは、続けるのが難しくなった。

3　二十一世紀を迎えたイギリス公共図書館

『市民のネットワーク』と『将来に向けての基本的考え方』

イギリスの経済成長率は一九九一年には再びマイナスに転じた。ジョン・メージャー政権はさらに歳出の抑制を図った。公共図書館がサービスを拡大しようとするならば、財源を確保しなければならないことは明らかだったから、企業的な経営手法を導入することで、こうした状況を乗り切ろうとしはじめた。図書館協会（LA：The Library Association）は政府が提案したレファレンスサービスの利用料徴収、図書予約の有料制などには強い反対を示したものの、「収入を生みだすための新たな事業計画、業務委託モデルの実験、そしてサービス提供における民間セクターの関与の増大[24]」は容認した。他方、情報技術の進展のなかで公共図書館サービスの多様化の要求が出現し、効率的な経営管理手法を取り入れながら、各図書館行政組織はマルチメディアサービス、オンラインデータベースサービスなどに着手するようになっていった。

当時、情報スーパーハイウエーの構築が政府レベルで喫緊の課題として意識されていた。そのような状況のもとで公共図書館が進むべき計画が、一九九七年七月にイギリス図書館情報委員会情報技術ワーキンググループによって『新しい図書館[25]』として公表された。きわめて短期間で作成されたが、イギリス公共図書館界の情報ネットワーク化の遅れを一挙に挽回しようとする行動計画だった。新しい時代で公共図書館がどのように使われるかについて、六つのシナリオによってわかりやすく説明し、人々にインターネットアクセスや各種のオンラインサービスの提供を約束した。

この計画に対して、政権交代したトニー・ブレアの政府の対応は前向きだった。宝くじ財団の資金によって、二〇〇二年までにこの〝市民のネットワーク〟は実現した。全国の公共図書館すべてが結ばれ、コンテンツの提供やさまざまなオンライン学習支援が公共図書館をベースに展開できるようになった。この間に、図書館協会は情報専門家協会（Institute of Information Scientist）と合併して図書館情報専門家協会（CILIP：Chartered Institute of Library and Information Professionals）になった。

市民のネットワークという成果を踏まえ、それに次いで二〇〇三年には図書館政策を整理した政策文書『将来に向けての基本的考え方[26]』を文化・メディア・スポーツ省が発表した。ブレア政権の方針を加味した図書館政策で、現代の公共図書館の使命は、「①読書と非定型（インフォーマル）学習の促進、②デジタルスキルや電子政府などのサービスへのアクセス、③社会的排除を克服し、地域のアイデンティティを構築し、社会参加を進展させる方策」の三つの領域で展開されるとした。伝統的な図書館がもつ社会的価値はもちろんのこと、市民のネットワークを足がかりに今後の市民生活で不可欠になるデジタルシチズンシップ支援が提起された。また、「文化革命」後のコミュニティの問題は政府の重点課題として取り上げざるをえなくなっていて、コミュニティライブラリアンシップが先鞭をつけた社会的包摂について、「コミュニティと市民的価値」として挙げている。[27]それは誰もが望む気持ちがいいコミュニティづくりの拠点を図書館に期待したものであり、図書館政策としてはきわめて現代的な明快でめりはりがきいたものだった。

「コミュニティ図書館」という補塡

二〇〇八年の金融危機のあと、イギリスの経済は再びきわめて厳しい状況に陥った。一〇年に発足したキャメロン保守党・自由党連立政権は、「大きな政府」に代わって「大きな社会」を指向し、文化予算を大幅に削減した。その結果、財源不足を理由に多くの公共図書館が閉鎖された。新聞報道によると一二年には二百館以上の閉館という衝撃的な数値が出た。また、一〇年以降、一九年までに八百館ほどの閉館が報じられ、[28]一九年度の図書館数（十時間以上開館）は三千六百六十七館[29]で、このレベルのものでも十年前と比べると六百七十八館減っている。しかし、地元の図書館をなんとか開けておくために「公共サービスの開放」として「コミュニティ図書館」という運営方式が取り入れられ、それが一〇年以降に急速に増えることになった。

コミュニティ図書館とは、端的にいえば、図書館行政機関が直接的に関わらない、人々が自分たちで運営する図書館である。それまでは図書館行政機関のもとにあり、公務員である図書館員がサービスを提供してきた分館などが閉館になったあと、人々が代わって運営しはじめたのである。もちろん、図書館行政機関が運営している図書館がなくなったわけではなく、現在のところそちらが大多数ではある。アーツカウンシル（図書館に関する政府外公共機関で、博物館・図書館・文書館国家評議会〔MLA：Museums, Libraries, Archives Council〕が二〇一一年にこれと合併した）の報告によると、コミュニティ図書館は大きくは独立型コミュニティ図書館（公的セクターは関与しないもの）と連携型図書館（公的セクターやコミュニティとの連携）の二つの類型に分かれる（表7）。

このようなコミュニティ図書館が二〇一三年には四百二十五館を数え、イングランドでは全体の三分の一の図書館行政機関内に存在し、全図書館の一二％になっている。[30]一六年六月の時点では、イングランド全館三千三十四館のうち七百六十二館、すなわち全図書館の二五％になる。その内訳は、コミュニティへの委託による図書館は一五％、次いでコミュニティの管理による図書館とコミュニティを支援する図書館はそれぞれ四〇％、それに独立型コミュニティ図書館が五％である。[31]コミュニティ図書館は、多くの人々が草の根のベースで支えていて、イギリス勅許公共財務会計協会によれば、その影響で〇六年からこの五年間で図書館に関わるボランティアが、七〇％も増加しているという。

二〇一六年にデジタル・文化・メディア・スポーツ省が発表した報告書『図書館は果たす――二

2.、携型図書館 (公的部門やコミュニティと連携)		
2a、コミュニティの管理 コミュニティが主導して調達した図書館。まれに自治体支援による有給の職員が存在、公共図書館体系に属する。	2b、コミュニティを支援 自治体が主導し経費をまかなう図書館。通常有給職員だが、ボランティアの有効な支援がある。	2c、コミュニティへの委託 自治体から経費が出て、非営利のコミュニティ、社会企業、組合などに委託された図書館。
資料費、自動貸出機、専門的なアドバイスなどに限った支援。	あり。自治体は基本的な経費や職員を支援し続ける。	あり。自治体は設置者であり続ける。
通常はあり、しかし限定的	あり	あり
ときどき	ありえない	ありえない
多くはあり	あり	あり
低	中	中
低	中	高
・バッキンガムシャー ・ブラッドフォード ・ノースヨークシャー	・リンカーンシャー ・テルフォード・レキン ・ノースハンプシャー	クロックテス図書館(リバプール) ・サフォーク

表7　コミュニティ図書館の類型

モデルの型	1、独立型コミュニティ図書館（公的部門の関与はない）	
	資産の所有 敷地を所有する独立したコミュニティ図書館。自治体から資産を移転したものもある。	資産を非所有 長期貸借権あるいは自由保有権がない独立していない図書館。
自治体の職員や経費	なし	なし
自治体図書館の管理系統	なし	なし
自治体からの資産の移転	あり	なし
条例による規定	なし	なし
図書館運営へのコミュニティの関与	高	高
公的資金の程度	なし	なし
事例	グラッペンホール図書館（ワーリントン）	プリムローズヒル図書館（カムデン）

（出　典：Arts Council England, "Community Libraries: Learning from experience: Summary briefing for local authorities," Jan 2013, p. 9. なお、文献名は注（30）と同様だが、その後注（30）が要約された）

〇一六年から二一年までのイングランド公共図書館へ望む姿』（"Libraries Deliver: Ambition for Public Libraries in England 2016 to 2012"）では、今後の図書館が進むべき方向として、地域の人々へのサービスのためにはさまざまな図書館モデルが工夫されなくてはならないとして、①地方自治体が運営するもの、②図書館の運営を第三者に委託するもの、③地方自治体同士で連携するもの、④コミュニティによる運営、などの方法を明示し、優れた実践例を盛り込んだツールキット[33]を公表している。

このように位置づけられたコミュニティ図書館に関して、二〇一七年にプリマス大学の専門的評価と調査研究サービスSERIO（Specialist Evaluation and Research Services）がデジタル・文化・メディア・スポーツ省のためにおこなった聞き取り調査（「イングランドでのコミュニティ管理の図書館のサービスの有効性と持続性の調査」）では、コミュニティ運営の図書館のほうが図書館行政機関の図書館と比べてコミュニティのニーズに合致し、プログラムでも優れているという評価があること[34]、また「こうした成功は、図書館行政機関の図書館に欠けているコミュニティとの結束のおかげだ」という指摘を取り上げている[35]。一部に人々が図書館に戻ってくるというプラスの効果もみられ、コミュニティでの人々の関係をつないでいるといえるだろう。しかし、図書館行政機関のもとにある図書館の運営でさえ財政的な厳しさがあるなか、コミュニティ図書館の場合は経費や人の問題はもっと難しい。さらに、ボランティアの人々の専門性の問題や、とりわけ独立型のコミュニティ図書館の場合は公共図書館ネットワークに組み込まれない場合もあり、住民にとってさまざまなサービスが欠けてしまうことがある。こうした現状に対してSERIOの調査報告では、コミュニティ図書館を展開していくための地方自治体との適切で密接なコミュニケーションや国が図書館サービスの基準などを設けることの必要性を勧告している。

おわりに――人々をつなぐ図書館

イギリスでは、産業革命後、近代的な権利と義務（シチズンシップ）[36]を前提とする社会をつくるために公共図書館を設置した。労働者階級に向けた十九世紀的なものから、二十世紀半ばにはより広い社会階層を取り込んで社会全体にスコープを広げ、一時はすべての人に寄り添う図書館が実現したようだった。しかし、福祉国家的なそのあり方も、コミュニティライブラリアンシップの観点からみると、その時代の基準だった階層（イギリスの場合は白人の中流階層）のコミュニティに限られたもので、排除された人々にはなじみが薄いものだった。二十一世紀になって、前掲の『将来に向けての基本的考え方』で示した図書館政策には、そうした点を克服しようという意気込みがみられる。実際、ロンドンの多民族居住区でもあるタワーハムレットのアイデアストアは、近隣の人々のコミュニティ拠点を確保した成功例である。だが、経済危機がさらに深刻化するなかで図書館への公的支援は削減されつづけ、多くの図書館が閉じられた。そのため、イギリスではその代替策としていわゆるコミュニティ図書館が立ち上げられた。

イギリスの展開からみえるのは、公共図書館がもともとコミュニティで人々が知識や情報を共有してより高いレベルで協調しあっていくためにつくられたもので、図書館が進展するにつれて知識や情報のようなコンテンツ提供の充実とともに、コミュニティの人々が集える分館やサービスポイントを地域に配置してきたことである。イギリスはとくに、分館などを最も密度高く配置し、図書館システム全体として充実した展開を誇ってきた。しかし、ローラ・スウォフィールドが「イギリスはもはや国の公共図書館システムをもっていない」(37)と指摘するような大量の図書館閉館は、とりわけコミュニティの維持に対して大きな損傷を与えたといえる。図書館は単に情報や読書機会の提供だけではなく、コミュニティの人々のよりどころだったから、それを維持するために人々はコミュニティ図書館という動きを始めたのであり、それは図書館がコミュニティで果たす役割の大きさをはっきりと認識させるものだった。

これからの公共図書館をどのように維持していくのか、また図書館に期待される役割をどのようにして展開していくのかという課題は、第1章の未来の図書館のエコシステムが提起した「人々の参加によって知識(資源)を確保する」と「コミュニティのウェルビーイングを確保する」の二つが重なった差し迫った課題である。

注

(1) 前川恒雄/石井敦『新版 図書館の発見』(NHKブックス)、日本放送出版協会、二〇〇六年、一六五ページ。『市民の図書館』は一九七〇年に日本図書館協会が出版した市町村立図書館運営の指針。

(2) トーマス・ケリー／イーデス・ケリー『イギリスの公共図書館』原田勝／常盤繁訳、東京大学出版会、一九八三年、七一ページ (Thomas Kelley, *Books for the People: An Illustrated History of the British Public Library*, A. Deutsch, 1977.)。なお、このあと、ケリーやブラックの引用は原書を参照しているため、訳書との若干の齟齬があることに注意。

(3) 同書九一ページ

(4) 同書一四三ページ

(5) 同書一六六ページ。また、Alistair Black, *The Public Library in Britain 1914-2000*, British Library, p. 51. これでは中産階級の出現に関して第一次世界大戦前としている点にコメントがある。

(6) 前掲『イギリスの公共図書館』一六八ページ

(7) 「近代資本主義・産業社会の経済に適するような改良的道徳観、実践的な技能、一般的知性を備えた市民の出現を意図していた」(アリステア・ブラック／デーブ・マディマン『コミュニティのための図書館』根本彰／三浦太郎訳、東京大学出版会、二〇〇四年、二三ページ〔Alistair Black and Dave Muddiman, *Understanding Community Librarianship: The Public Library in Post-Modern Britain*, p. 20.〕)

(8) 同書二三ページ

(9) *Beveridge Report: Social Insurance and Allied Service*, H. M. Stationary off, 1942.

(10) Lionel R. McColvin, *The Public Library System of Great Britain: A Report on Its Present Condition with Proposals for Post-war Reorganization*, Reprinted for the College of Librarianship Wales by University Microfilm, 1970, Originally Published by the Library Association, 1942, pp. 113-198.

(11) ibid., pp. 113-198.

(12) 前掲『コミュニティのための図書館』三四ページ

(13) McColvin, *op. cit.*, pp. 149-157.

(14) "Public Libraries and Museums Act 1964," (http://www.legislation.gov.uk/ukpga/1964/75/pdfs/ukpga_19640075_en.pdf)〔二〇一一年三月三十一日アクセス〕、シィー・ディー・アイ「UKの公共図書館」「諸外国の公共図書館に関する調査報告書」、文部科学省、一〇一ページ（https://www.mext.go.jp/a_menu/shougai/tosho/houkoku/06082211/006.pdf）〔二〇一一年三月三十一日アクセス〕

(15) 前掲『イギリスの公共図書館』二三三ページ

(16) 前掲『新版 図書館の発見』一六五―一六七ページ、前川恒雄「英国に学ぶ」（「図書館雑誌」一九六四年五月号〔日本図書館協会〕に始まる六回の連載）

(17) エリック・ホブズボーム『20世紀の歴史――極端な時代』下、河合秀和訳、三省堂、一九九六年、五一―八七ページ（Eric Hobsbawm, *Age of Extremes: The Short Twentieth Century, 1914-1991*, Michael Joseph, 1994.）

(18) 同書七四ページ

(19) ジョック・ヤング『排除型社会――後期近代における犯罪・雇用・差異』青木秀男／村澤真保呂／伊藤泰郎／岸政彦訳、洛北出版、二〇〇七年（Jock Young, *The Exclusive Society*, SAGE Publications, 1999.）

(20) 前掲『コミュニティのための図書館』五八ページ

(21) 同書六〇ページ

(22) 同書八一ページ

(23) 同書一〇八ページ

（24）同書一一八ページ

（25）英国図書館情報委員会情報技術ワーキング・グループ『新しい図書館――市民のネットワーク』永田治樹／小林真理／佐藤義則／増田元訳、日本図書館協会、二〇〇一年（"New Library: The People's Network,"〔http://www.ukoln.ac.uk/services/lic/newlibrary/full.html〕［二〇二一年三月三十一日アクセス］）

（26）英国文化・メディア・スポーツ省編『将来に向けての基本的考え方――今後10年の図書館・学習・情報』永田治樹／小林真理／小竹悦子訳、日本図書館協会、二〇〇五年（"Framework for the Future: Libraries, Learning and Information in the Next Decade," Department for Culture, Media and Sport.〔https://dera.ioe.ac.uk/4709/21/Framework_for_the_Future1_Redacted.pdf〕［二〇二一年三月三十一日アクセス］）

（27）その後、政府の諮問機関である博物館・図書館・文書館国家評議会（ＭＬＡ：Museums, Libraries, Archives Council）は『公共図書館とコミュニティの結束――発展指標』（Kevin Harris, Martin Dudley, "Public Libraries and Community Cohesion: Developing indicators," 2005.）を公表し、その動きを補っている。須賀千絵「英国の公共図書館における社会的包摂」（日本図書館協会現代の図書館編集委員会編「現代の図書館」第五十巻第三号、日本図書館協会、二〇一二年、一五九―一六〇ページ）では、現場での実践と課題を紹介している。

（28）"Britain has closed almost 800 libraries since 2010, figures show," *The Guardian*, 2019 (https://www.theguardian.com/books/2019/dec/06/britain-has-closed-almost-800-libraries-since-2010-figures-show)［二〇二一年三月三十一日アクセス］, "UK lost more than 200 libraries in 2012," *The Guardian*, 2012. (https://www.theguardian.com/books/2012/dec/10/uk-lost-200-libraries-2012)［二〇

〇二二年三月三十一日アクセス］

（29）“Library facts,” The Reading Agency.（https://readingagency.org.uk/about/impact/001-library-facts/#fn1）［二〇二二年三月三十一日アクセス］

（30）Arts Council England, “Community Libraries: Learning from experience: Summary briefing for local authorities,” Jan 2013, p. 3.（https://www.artscouncil.org.uk/community-libraries-learning-experience）［二〇二二年三月三十一日アクセス］

（31）ibid., p. 4［二〇二二年三月三十一日アクセス］

（32）Library Taskforce,“Libraries Deliver: Ambition for Public libraries in England 2016 to 2021,” 2018.（https://www.gov.uk/government/publications/libraries-deliver-ambition-for-public-libraries-in-england-2016-to-2021/libraries-deliver-ambition-for-public-libraries-in-england-2016-to-2021）［二〇二二年三月三十一日アクセス］

（33）Department for Digital, Culture, Media and Sport. “Community managed libraries: good practice toolkit,” 2018.（https://www.gov.uk/government/publications/community-libraries-good-practice-toolkit/community-libraries-good-practice-toolkit#community-library-models-1）［二〇二二年三月三十一日アクセス］

（34）前掲の“Libraries Deliver”には、公共図書館がもたらす効果として七つの項目（①文化的・創造的に豊かにする、②読書とリテラシーの向上、③デジタルアクセスとそのリテラシー、④人々の可能性発揮の手助け、⑤健康で幸福な生活、⑥いっそうの成功、⑦強靭でレジリエントなコミュニティ）を挙げているが、コミュニティ図書館では、七番目の強靭でレジリエントなコミュニティという効果について、聞き取りで非常に高い評価になり、それに次いで②や③の項目についてコミュニティの人々に高い有用性を発揮しているという。SERIO, "Research and analysis to explore the service effectiveness and sustainability of community managed libraries in England," 2017, p. 62. (https://www.gov.uk/government/publications/research-and-analysis-to-explore-the-service-effectiveness-and-sustainability-of-community-managed-libraries-in-england/research-and-analysis-to-explore-the-service-effectiveness-and-sustainability-of-community-managed-libraries-in-england)［二〇二一年三月三十一日アクセス］、土屋深優「ロンドンのコミュニティ図書館における社会的包摂概念」（日本図書館情報学会編「日本図書館情報学会誌」第六十七巻第二号、日本図書館情報学会、二〇二一年、八七―一〇三ページ）は、社会的包摂という面での活動を紹介している。

（35）SERIO, op. cit., p. 60.

（36）宮島喬『ヨーロッパ市民の誕生――開かれたシティズンシップへ』（岩波新書）、岩波書店、二〇〇四年

（37）Laura Swaffield, "The UK no longer has a national public library system," *The Guardian*, Oct, 19, 2017. (https://www.theguardian.com/voluntary-sector-network/2017/oct/19/uk-national-public-library-system-community)［二〇二一年三月三十一日アクセス］

第5章　図書館での技術動向・予測
——「ホライズン・レポート図書館版」

1　図書館の技術動向・予測

今後の図書館のあり方を検討する際に、図書館を魅力的にする新技術が発見できれば重宝する。デジタルトランスフォーメーションが急速に進展していくなかで、図書館の将来を支えるデジタル技術などの動向・予測には高いニーズがあるはずだ。第1章で示唆した新たなスペースや利用体験などがどのように実現できるか、気になるところでもある。

図書館での技術動向・予測については、ときおり、ウェブサイトや雑誌などに、新設図書館、電子図書館や電子アーカイブズの構築に関する記事中で紹介されることがある。実践された事例紹介などから今後の動向や予測を読み取ろうとするが、その広がりなどを把握するのはさほど容易ではない。

そこで、数少ない図書館に関する包括的なテクノロジー（以下、「ホライズン・レポート」で使われている場合は科学技術で統一する。ただし、差し支えない場合は技術とする）の動向・予測として「ホライズン・レポート図書館版二〇一七年版」[1]を紹介してみよう。「ホライズン・レポート」は、元来は教育技術に関する国際的なエキスパート、ニューメディア・コンソーシアムが取り組んだ「教育、学習、創造的な探究に関連する新たな科学技術の状況を探るプロジェクト」の成果で、教育・研究活動などに影響を与える技術を二〇〇四年から毎年紹介しているものである[2]（二〇一九年版からは高等教育のITを推進する非営利団体 EDUCAUSE がこの活動を引き継いでいる）。

二〇〇九年に高等教育領域だけでなく、K—12（初等・中等教育）をその対象領域に広げたあと、関連がある博物館や図書館の活動が対象に加えられて、「図書館版」（日本語表現としては「編」といったほうが自然だが）は、「二〇一四年版」「一五年版」と、そしてここに取り上げる「一七年版」[3]が刊行された。この「ホライズン・レポート」は、元来は教育分野での科学技術の進展を把握したものだが、図書館もこの領域に属していて多くを共有できることから、この刊行は図書館にとって都合がいいものだった。こうした技術の多くは高等教育分野で採用され、そのあと関連領域に普及していく。「図書館版」も学術・研究図書館の領域を対象にしているが、これまでそうだったようにこの種の技術は、しばらくあとには公共図書館の領域にも広がる。ここで議論されているものもそのように扱えるだろう。

「ホライズン・レポート」の作成は、専門家（「図書館版」では、大学などの学習図書館と研究図書館に強い関わりをもつ七十七人）パネルを構成して、パネル構成員とのやりとりによって進められる[4]。

まず、新たに出現した科学技術を、掲載している文献の体系的なレビューで拾い上げ、関連資料とともに専門家に配付して、それぞれ検討してもらう。専門家によってとくに価値づけられたものを選び出して、今後の五年間で、①科学技術の採用や推進を加速させる主要な動向はどれか、②①を妨げる重大な難題はなにか、③科学技術の最も重要な進展はなにかという質問とともに、④それらのリストに挙げられていない重要な進展も挙げてほしいという依頼をつけて専門家に再度照会する。その結果をもとにランク付けした暫定リストによって図書館への影響などが再吟味され、セミファイナル・リストを経て、最終的なレポートに掲載するトピックを決定する。最初に挙げた項目からトピックが絞り込まれていくこのプロセスはWikiソフト上で公開され、その作成過程は誰もがみられる、きわめてオープンな手順である。[5]

2 「ホライズン・レポート」の立場

「ホライズン・レポート」と銘打っているのは、これに、①今後一年以内、②今後二年から三年のうち、③今後四年から五年のうち、というホライズン（視程）を設定しているからである。それぞれのホライズンで、問題になる科学技術を採用する動き、その採用を妨げる課題、重要な進展を取り上げる。それぞれ六つのトピックを扱うから合計十八のトピックを解説するという形式であり、専門家パネルでランク付けされた三つのセクション（下記の3、4、5）を中心に、「図書館版」は次のような構成である（「二〇一七年版」目次）。

1、要旨
2、イントロダクション
3、学術・研究図書館において科学技術の採用を加速する動き
4、学術・研究図書館において科学技術の採用を妨げる課題
5、学術・研究図書館に関わる科学技術の重要な進展
6、パネルの構成員名簿
7、巻末注

まず「要旨」で、向こう五年間を視野に入れて出現する科学技術動向を読み取るねらいを説明し、本文に記載するトピックを支える図書館の状況を、次の十項目によって提示している。

①ウェブ資源が増大し、情報や知識が織り成される領域で、情報を発見し、要約し、追跡するための案内者として図書館はとどまり続ける。
②出版に用いられるフォーマット（情報記録形式）は進化し続けている。図書館はその新しいメディアと技術を戦略計画に組み込まなければならない。
③財源的な制約を考慮すると、費用の上昇を回避できそうな一つの解決策はオープンアクセス

である。

④図書館は、個別で行う学習・研究にも協働で行う学習・研究にも役立つ場所になるようにバランスを取る。物理的空間の柔軟で用途に応じた設計が図書館にとって優先事項になっている。

⑤利用者中心の設計とアクセスのしやすさに焦点を当てることが求められる。ユニバーサルデザインの原則に基づくこと、そしてニーズに沿ったプログラム企画が利用者を図書館に向かわせる。

⑥デジタルを使いこなす能力（オンライン認証、コミュニケーション・エチケット、そしてデジタル技術の権利と責任を理解したデジタルシチズンシップ）の習得支援は、図書館の主要な任務である。

⑦図書館は、公益やネットワークの中立性を損なう政策に対決し、情報のプライバシーや知的自由を守り、その基本的価値を積極的に擁護しなくてはならない。

⑧革新的なサービスや運営を進展させるには、利用者のニーズに合わせ俊敏に自由自在に動ける組織をつくる必要がある。

⑨デジタル技術（地理情報システムデータ、データ可視化、ビッグデータなど）によって図書館に蓄積され共有されるデータは拡大していて、研究環境を進化させている。

⑩人工知能（ＡＩ）とモノのインターネット（ＩｏＴ）とは、図書館体験をパーソナライズし、図書館サービスの有用性と広がりを強化する。

図書館がどのような位置にあり、なにを担っていかなければならないか、注目すべき技術的な焦点、施設や運用組織のあり方などについて触れてあり、このレポートの立場を表明している。提示されたホライズンをみていこう。

3　科学技術の採用を加速する動き

まず「3、（略）科学技術の採用を加速する動き」では、図10にみるように動向を三層のホライズンに位置づけている。向こう一年から二年の短期的な動向として、「研究データの管理」と「利用者体験の評価」とを挙げている。

さまざまな分野で生み出される研究データ（例えば、生命科学のヒトゲノム）はすでに広く共有されるようになり、新たな研究成果に結び付いている。それを可能にしたのは、情報のデジタル化、情報共有のためのフォーマット、ワークフローの標準化などの進展である。そこで学術・研究図書館には、このような研究データを扱うために、データの性質を理解してそれを適切に分析、可視化、保存するといったデジタル資産管理（DAM：Digital Asset Management）が期待されるようになっている（これについては、カーリー・シュトラッサーが作成したNISO〔National Information Standard Organization〕の「研究データ管理手引書」[6]などを参照されたい）。この動向に関わるデータは、現段階では学術・研究図書館の分野のものだが、データの意義は社会的な広がりをもち、その運用は公共図書館にも拡大されるだろう。

「利用者体験の評価」は、近年の顧客へのサービス改善手法として位置づけられている。営利部門に限らず、公共部門でもこの流れが注目されている。公共図書館もこれに注視してきたが、人々の利用体験を常に観察して改善方策を施す必要がある。また、昨今はデジタルサービスの領域が拡大していて、利用者と図書館との対面での接触が少なくなっているが、デジタルの場合でも利用者の体験が把握できるようにしておきたい。

中期的な動向では、「創造者としての利用者」と、「図書館スペースの再考」とを挙げている。第1章の未来の図書館のエコシステムでもみたように、創造者としての利用者とは、単にコンテンツ（資料）を消費（利用）するだけでなく、モノ・知識を創造し、結果を発信したりする利用者である。「人々は、モノの創造に関する支援やそのためのスキルを身に付けたりする道具の提供を期待するようになり」、図書館に3Dプリンター、フレキシブルディスプレイ、メディア制作ツール、ナチュラル・ユーザー・インタフェース（利用者に操作選択を意識させないインタフェース）などを備えるようになった。

欧米の公共図書館で近年展開されているコーディングハッカソン（個人またはチームで協力して短期間でソフトウエア作成などを競う）、イノベーションラボあるいはメーカースペースなどのイベントや場づくりの事例はこれに合致するものである。また、こうした利用に必要なスペースは当然、これまでの読書空間とは違って、共同作業がしやすいものになっている。そもそも情報のデジタル化によって、これまでの物理的な図書を中心とするスペースだけではすでに間に合わなくなってい

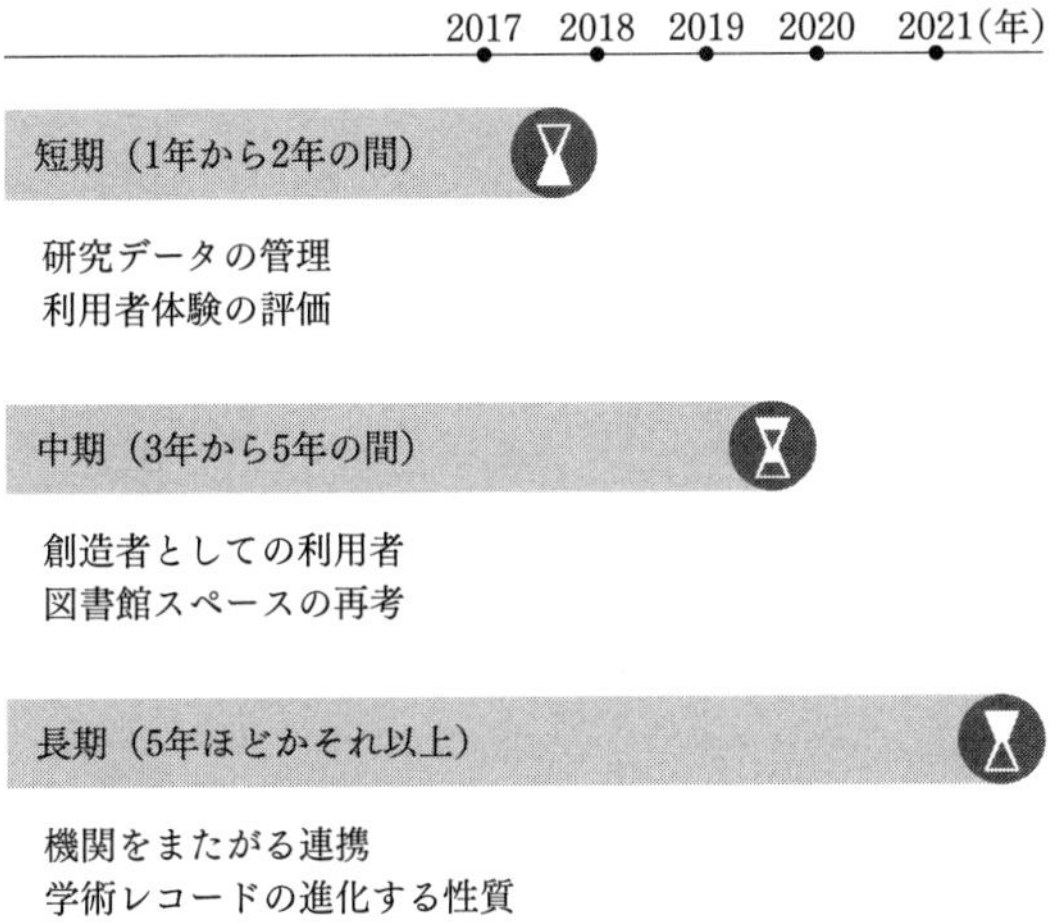

図10　科学技術適用を加速する動き

るし、公共図書館はいまでは地域の人々の交流の場としても期待されている。図書館スペースの再考は、優先度が高い課題になっている。

五年かそれ以上を想定した長期的動向としては、「機関をまたがる連携」と「学術レコードの進化する性質」が挙げられている。従来、図書館では、相互協力によって種々の問題を解決してきた。さらに幅広い情報が今後求められるようになる一方、図書館の財政的な難しさは深刻化していて、「機関をまたがる連携」（コンソーシアムの形成など）が不可欠である。連携は国際的にも広がり、また内容もコンテンツだけではなく、新たな技術なども対象になる。公共図書館でいえば、地域の課題をほかの機関と共有するようになるだろう。もう一方の「学術レコードの進化する性質」とは、かつては印刷ベースだったものが、ネットワーク環境に展開されるようになって、ピアレビュー（査読）手順が迅速化され、速やかな出版（公表）が実現するだけではなく、ウェブやソーシャルメディアによる多様な出版がおこなわれる。図書館にはこのような進展への対応が迫られるだろう。

4　科学技術の採用を妨げる課題

次に「4、（略）科学技術の採用を妨げる課題」がある。ここでは、困難性を三つの段階に区分し、六つのトピックを当てはめている（図11を参照）。

最初に、「解決可能」だとする課題は、「図書館サービスと資源の（障がい者などの）アクセシビリティ」と「デジタルリテラシーの強化」である。これまでも図書館は、障がい者へのアクセシビリティについて積極的に取り組んできた。しかし、「盲人、視覚障害者その他の印刷物の判読に障害のある者が発行された著作物を利用する機会を促進するためのマラケシュ条約」などによって障がい者への平等な資源提供の要請が一段と加速化され、図書館員が身に付けるべきスキルの範囲は広がっている。またユニバーサルデザインに基づくことによって、すべての利用者の図書館の利用体験を改善することが原則になった。

もう一つの、「デジタルリテラシーの強化」については、現在では人々は仕事場でも日常生活でも進展が速いデジタル技術を駆使しなくてはならず、図書館はデジタルリテラシーの水準を向上させ、技術の進展に対応して継続的にこの問題に取り組んでいく必要があると指摘する。なお、この問題は、単に技術だけでなく、近年急激に流布しているフェイクニュースなどに対する情報（メディア）リテラシーも含まれる。

二番目の「解決はかなり難しい」とする課題は、「今後の仕事に適合する組織デザイン」と「統合・相互運用性・連携研究プロジェクトの維持」である。解決のめどが立てにくい課題だが、図書館への要求を十分に果たすには、もっと機動的に利用者への対応ができる組織が望まれる。異なった領域のエキスパートを組み込んだ、柔軟でチームベースの、マトリックス的な構造が有利だという。しかし、そのように組織を改編し、人材の育成を図るのは容易ではない。急激な変化にはスタッフの抵抗も予想されるし、効果の実を上げるには時間を要するだろう。また、今後の図書館に対応する人材を確保して整備していくためには、図書館だけではまかないきれないところがあり、組織内の他部署ばかりか外部の機関と連携する必要もある。さらにもう一つの問題は、上位機関の研究プロジェクトなどがほかの機関との統合・相互運用型として推し進められている場合、それを支援する立場にある図書館には、知識やデータを速やかにやりとりできる仕掛けが求められる。

解決可能
図書館サービスと資源の（障がい者などの）アクセシビリティ
デジタルリテラシーの強化

解決はかなり難しい
今後の仕事に適合する組織デザイン
継続中の統合・相互運用性・連携研究プロジェクトの維持

非常に解決は難しい
経済的・政治的な圧迫
抜本的な変更ニーズの取り込み

図11　科学技術の採用を妨げる課題

　三番目の「非常に解決は難しい」とする課題は、「経済的・政治的な圧迫」と「抜本的な変更ニーズの取り込み」だとしている。ここでは学術図書館を想定しているが、公共図書館についても同様だといえる。公的資金の図書館への配付は削減され

図12　科学技術の重要な進展

るのに、提供すべきサービスは増え、多様化し、まかなわざるをえない費用は増大している。唯一オープンアクセスの情報資源だけは費用削減の手助けになる。しかし、それで状況が打開できるというわけではない。

抜本的な変更ニーズがある課題とは、図書館の機能やサービスのすべてに影響を与えるリーダーシップの問題である。スマホなどのモバイルデバイスの出現によって、人々は図書館を使わなくても情報にアクセスできるようになり、情報がクラウド化され有形なものではなくなっていくなかで、図書館という物理的な施設の役割もあらためて問われている。事態を革新できる指導性が問題になっている。

5　科学技術の重要な進展

最後のセクション「5、（略）科学技術の重要な進展」は、科学技術の採用を加速する動き（図10「学術・研究図書館への科学技術適用を推進する動き」を参照）と同様、三層のホライズンに沿って展開されている（図12）。

科学技術一般が図書館に向けて開発されているわけではない。しかし、それを採用すると、図書館の機能が向上し、意思決定に深く関わる状態変化を生み出すものがあり、それらがここで取り上げられる。

一年かそれ以内という期間では（ここでは二〇一七年ごろまで）、ビッグデータと、デジタル学術研究技術とが挙げられた。ビッグデータとは、調査などで収集される構造的なデータとは違い、システムが日々大量に集積するデータで、ときに利用者の活動性向を発見できる。図書館はそうした大きなデータを比較的容易に蓄積できるから、その活用への期待は大きい。しかしデータの運用に関しては、利用者のプライバシーなど倫理的な問題に十分に留意しなくてはならない。

デジタル学術研究技術は「知識へのアクセス、探索、そして応用を支援するための技術」で、もともとは「Ｅサイエンス」などと呼ばれる領域にあって、「その成果には、デジタル・メディア、ウェブサイト、学術情報のアーカイブ、デジタル展示などがあり、デジタル人文学など、学際的な領域に広がるものが多い」。学術図書館ではすでにこのような研究情報の蓄積に積極的に関与するようになっていて、"College and Research Libraries News" 誌でも二〇一六年のトップ・トレンドに挙げられている。

中期的な見通しとしては、「図書館サービスのプラットフォーム」と「オンラインアイデンティティ」が挙げられた。図書館の業務やサービスの自動化システム、あるいは資源管理システムは、大きな分岐点にあるといわれて久しい。図書館システムが扱う資源はさまざまなフォーマットが使われているし、利用者は多様なデバイスを使うようになり、またどこからでもアクセスするようになっている。これまでの印刷物を主対象とした、二十世紀の技術によって構成された図書館システムでは対応しづらい部分が多くなった。しかし、それを廃棄して新たな図書館サービスプラットフォーム（ＬＳＰ：Library Service Platforms）に、私たちは到達できてはいない。ウェブ中心の、広範囲の資源を管理する、そして図書館の環境変化に対応できる図書館サービスプラットフォームの構築は、にわかには実現しにくいと考えられ、ここに位置づけられたようである。

もう一つのオンラインアイデンティティ（デジタルアイデンティティ）とは、デジタル社会でやりとりされるすべてがそれによってモノでも人でも同定される識別子（身元を示すデータ）のことである。ネットワーク上で使われるさまざまな識別子の状況を理解し、各人はプライバシーの保護や認証方法を心得ておかなければならない。デジタルリテラシーの一つとして、その理解を図書館は支援していく必要がある。

長期的な見通しとして、影響をもつ技術はＡＩとＩｏＴである。コンピューターに人間の認知、学習、意思決定などの能力を模倣させる知識工学を使ったＡＩが活用されていて、その範囲は急速に拡大している。図書館でも機械が利用者の要求に応じてコンテンツを提供することも試みられていて、さらに洗練されたデータベースなどが登場してくるものと思われる。

最後のトピックは、コンピューターの能力を付与されたモノが、インターネットを通じて、その遠隔管理、状況監視、あるいは追跡や警報の発信などができるようになる展開で、「モノのインターネット（ＩｏＴ）」と呼ばれる。図書館での貸出、蔵書管理、盗難阻止のためのＲＦＩＤ（Radio frequency identifier）技術（近距離の無線通信を使った認証技術。図書館などでもＩＣタグとして使われている）の応用は、原初的な一例である。情報を出すビーコンを用いて位置を把握するものなど、より高機能になっていくだろう。ただし既存の多くのＩｏＴにあるセキュリティに関する脆弱性は改善されなければならないし、またモノのインターネットは分散型が望ましく、現在、ビットコイン（仮想通貨）に使われているブロックチェーンのような技術を応用し、分散的に情報を自由に流通させる技術が確立されれば、図書館にもさらに快適な視界が開けるだろう。

6 「図書館版」のテーマの交替

「二〇一四年版」「一五年版」「一七年版」の「図書館版」で挙げられたトピックについて一覧にしてみたのが表８である。該当する部分に〇印を付した。ただし、「二〇一七年版」だけは、最初の動向と最後の重要な進展では、三層のホライズンを意識し、それぞれの領域で、今後一年以内のものを①、今後二年から三年のうちを②、今後四年から五年のうち、あるいはそれ以上を③とした。二番目の「科学技術の採用を妨げる課題」については、解決可能を〇、解決はかなり難しいを△、非常に解決は難しいを×とした。

最初の「二〇一四年版」に挙げられたトピックがその後も継承されたものもあれば、めどが立ったり、評価が変わったりしてそうならなかったものもある。「一七年版」では十トピックが新規であり、最初の「科学技術の採用を加速する動き」としては、「機関をまたがる連携」と「創造者としての利用者」の二項目、「科学技術の重要な進展」では五項目が新設されている。一方、「採用を

表8 「ホライズン・レポート」の変遷

	取り上げられたトピック	2014年版	2015年版	2017年版
1、科学技術の採用を加速する動き	技術、標準、下部構造における継続的進展	○		
	機関をまたがる連携			③
	学術レコードの進化する性質	○	○	③
	研究コンテンツのアクセシビリティの改善	○	○	
	創造者としての利用者			②
	モバイル用のコンテンツとそのデリバリーの優先化	○	○	
	研究データの管理	○	○	①
	図書館スペースの再考		○	②
	多分野にまたがる研究の新形態	○		
	利用者体験の評価		○	①
2、科学技術の採用を妨げる課題	図書館サービスと資源の（障がい者などの）アクセシビリティ			○
	今後の仕事に適合する組織デザイン			△
	研究のデジタルアウトプット資料の確保とアーカイビング	○		
	ディスカバリー手法に関する競争	○	○	
	経済的・政治的な圧迫			×
	カリキュラムへの図書館の組み込み	○	○	
	抜本的な変更ニーズの取り込み	○	○	×
	デジタルリテラシーの強化		○	○
	統合・相互運用型となっている連携プロジェクトの維持	○		△
	知識の陳腐化への対応		○	
	図書館員の役割とスキルの再考	○	○	

	取り上げられたトピック	2014年版	2015年版	2017年版
3、科学技術の重要な進展	人工知能（AI）			②
	ビブリオメトリックスと引用技術	○		
	ビッグデータ			①
	デジタル学術研究技術			①
	電子出版	○		
	情報の可視化		○	
	図書館サービスのプラットフォーム			②
	ローケーションインテリジェンス		○	
	機械学習		○	
	メーカースペース		○	
	モバイル機器用アプリケーション	○		
	オンラインアイデンティティ			②
	オンライン学習		○	
	オープンコンテンツ	○		
	セマンティックウェブとリンクトデータ	○	○	
	モノのインターネット	○		③

妨げる課題」の箇所では、解決はかなり難しい課題として、「組織デザイン」と「統合・相互運用型となっている連携プロジェクトの維持」が挙がっている。変化が速い環境のなかで、組織という社会システム部分の部分にも焦点が当てられた。そして、非常に難しい課題として「経済的・政治的な圧迫」と「抜本的な変更ニーズの取り込み」が挙げられ、図書館を取り巻く状況とそれに対応できるリーダシップが必要だと主張している。新たな科学技術があってもそれに挑戦できるかどうかは、人と制度的な枠組みの問題になる。これまで営々として築いてきたものが負のレガシーになってしまうこともあるため、難しい展開である。

最新の「二〇一七年版」からすでに数年経過した。最も長いホライズンでみた場合、ほぼ二〇二二年あたりの状況を言及してい

写真1　ヘルシンキ市新中央図書館の案内ロボットに案内を依頼する利用者

ることになる。ここで取り上げられた技術の多くは、先進的な図書館の視野に入っているといっていい。とくにＡＩとＩｏＴについては、図書館の機能を高めるものとしてこれまでも期待が高かった。ＡＩは、多くのデータを機械学習（深層学習）させて、それによってレファレンス質問に答えさせる試みである。すでにさまざまな案内や簡単な応答をチャットボットでおこなうものが出てきている。また、ＩｏＴは「二〇一四年版」に取り上げられていたように、図書館がモノ（物理的なモノであれ、仮想的なオブジェクトであれ）を扱うということで、早くからいい管理手法とされてきた。例えば、目指す資料を取り出してくれる自動化書庫のようなものが近い技術だと思われるし、ネットワーク上の数多くの文書にはＤＯＩ（Digital Object Identifier：コンテンツの電子データに付与される国際的な識別子）を付けて管理されている。

第7章で紹介する北欧の二つの図書館（オーフス公共図書館とヘルシンキ市新中央図書館〔Oodi が愛称〕）ではすでに、こうした動きがかなり進展している。一つはＡＩによる図書館資料の管理である。これは図書館システムとして在庫管理の考え方を広げて、どこに資料を配架すれば適切かの判断をＡＩがおこない、最も利用の可能性がある場所を選択するというものだった。蔵書を個別の図書館に占有させないという移動配架という考え方も有用だった。また、ＩｏＴの観点からみると、ヘルシンキ市新中央図書館では、ネットワークを介して資料に関する情報と場所の情報をロボットが把握して資料の運搬や利用者案内サービスをしてくれる。この点では、このレポートの予測がぴったりと実現したといえる。

注

（1）The New Media Consortium, "Horizon report: 2017 Library Edition," NMC, 2017, p. 54.
（2）二〇一四年以降、①今後一年以内、②今後二年から三年のうち、③今後四年から五年のうち、という視程（ホライズン）で、問題になる主要な六つの動向、六つの大きな課題、技術や実践の重要な六つの発展、合計十八のトピックの解説という構成である（「二〇〇九年版」以降、「高等教育版」だけは、放送大学が翻訳協力して「日本語版」としてウェブサイトに掲載。「ホライズン・レポート日本語版」放送大学〔http://www.code.ouj.ac.jp/horizonreport/〕［二〇二一年三月二十八日アクセス］）
（3）The New Media Consortium, op. cit., pp. 4-5.
（4）「ホライズン・レポート」の中心になる専門家パネルについて「図書館版」では、学習・研究図書館に強い関わりをもつ七十七人の教育と技術の専門家を巻末のリストに掲載している。
（5）"2020 EDUCAUSE Horizon Report: Teaching and Learning Edition," EDUCAUSE, p. 56.（https://library.educause.edu/-/media/files/library/2020/3/2020_horizon_report_pdf.pdf?la=en&hash=08A92C17998E8113BCB15DCA7BA1F467F303BA80）［二〇二一年三月二十八日アクセス］

（6）Carly Strasser, "Research data Management," NISO.（「研究データ管理」機関リポジトリ推進委員会訳、二〇一六年〔https://jpcoar.repo.nii.ac.jp/?action=pages_view_main&active_action=repository_view_main_item_detail&item_id=372&item_no=1&page_id=46&block_id=79〕［二〇二一年三月二十八日アクセス］）

〔追記〕「二〇一七年版」以降の「図書館版」は出されていない。「ホライズン・レポート」を引き継いだ EDUCAUSE の最近のウェブサイトには、研究図書館協会（Association of Research Libraries）とネットワーク情報連合（CNI：Coalition for Networked Information）との共同でおこなった今後の科学技術と図書館の将来に関するシンポジウムを取りまとめた記事"Future Themes and Forecasts for Research Libraries and Emerging Technologies"*（「研究図書館と新興技術の将来のテーマと予測」）を公表している。

（*）Scout Calvert "Future Themes and Forecasts for Research Libraries and Emerging Technologies," ARL, CNI and EDUCAUSE, 2020.（https://www.arl.org/wp-content/uploads/2020/08/2020.08.21-future-themes-and-forecasts-for-research-libraries-and-emerging-technologies.pdf）［二〇二一年三月二十八日アクセス］

第6章　未来の図書館に関する提言

未来の図書館を構想するにあたり、未来の図書館研究所(1)では毎年十月あるいは十一月にシンポジウムを実施している。シンポジウムでは、それぞれ主催者が設定したテーマに沿った内容で、講演とディスカッションをおこなう。二〇二〇年まで五回開催したうち、第一回・第二回・第三回の講演から、シンポジウムの趣旨説明とともに、三つの「未来の図書館に関する提言」として、ここに所収する。別の領域から図書館に関わることになった三人のものだが、これからの図書館を考えるうえで重要な指摘を含んだ提言である。なお、提言のなかの小見出しは編集の際に挿入した。また、シンポジウムの発言のうち、ディスカッションの質疑の一部を本文の間に入れ、写真やパワーポイントに言及している部分などは、差し支えない範囲で割愛した。冒頭、テーマの趣旨説明などは筆者によるものである。

第一回：図書館のゆくえ――今をとらえ、未来につなげる（二〇一六年十月十七日開催）

第二回：図書館とソーシャルイノベーション（二〇一七年十月十一日開催）

1　第一回：図書館のゆくえ──今をとらえ、未来につなげる（二〇一六年十月十七日開催）

未来の図書館を考える

これまでの図書館のあり方をとらえてそこから未来を展望するための、「図書館のゆくえ──今をとらえ、未来につなげる」というテーマです。

アメリカのピュー・リサーチセンターのリー・レイニーが、二〇一四年のテキサス図書館協会の大会講演で、未来の図書館を考えるには次のような観点をみておく必要がある、と発言しています。

①未来において、知識はどのようなものになるか
②未来の知識はどのように獲得すればよいのか
③そのために私たちのコミュニティにはどのような仕掛けが必要か
④未来の学習スペースはどのようなものになるのか
⑤何が図書館の売りか

未来の図書館を論じるには、まずは、これまで図書館が果たしてきたことをきちんと見極めているというのが前提であり、その出来具合が図書館の未来への洞察の確かさを決めるといっていいと

思います。

ただし、この側面だけでは、未来の状況は設定できません。事態の変化、具体的には情報技術の進展、あるいは社会の発展状況などを予測しておくことも必要です。そうした想定をしておかないと、これまで重大だったものがもういらないという事態が起こったときに対応できません。したがって、これまでのあり方、それに変化の兆しの双方の観点を押さえれば、未来の図書館というテーマは、ある程度妥当な展開ができるのかなと思います。

二〇一六年八月の末に発行された「日経ビジネス」に吉本龍司(2)さんへのインタビュー記事(3)が出ていました。その記事では「使えない検索システムを数年内に駆逐しちゃおう」という吉本さんの主張を紹介していました。みなさんは、日本の公共図書館に入っている図書館情報システムがどの程度のものかお考えになったことがありますか。残念ながら吉本さんの指摘のような状況です。公共図書館がたいそうなお金を払って導入したシステムの内容は、先進国の水準からいえば、まったく遅れたものというのは確かです。ただし今回、吉本さんに登壇を願ったのは、システム技術の話だけではありません。「いま」をとらえるには生のデータによってその実態を確認していくことが必要ですが、吉本さんは、カーリルのシステムが日々産出するデータをもっている、膨大なデータから日本の図書館界の現状を手に取るようにみている、そうした知見も紹介してもらいたいと思っています。

提言1：ウェブサービスを通じた図書館サービスの提供、そして未来の話　吉本龍司

①OPACは使えない――すべての図書館をつなぎたい

カーリルは、「日本最大の図書館蔵書検索サイト」というキャッチコピーで、二〇一〇年の三月、いまから六年半ぐらい前に、サービスを開始しました。リリースした当初は、四千三百館を対象に検索できて、自分が好きな図書館を三館まで選んで検索できますというサービスでスタートしました。現在では、全国の六千七百館以上の図書館を検索することができるサービスになっています。

カーリルを最初に始めたときから目標にしていたことは、すべての図書館をつなぎたいということです。東京都内とか関東圏内などの利用者が多い図書館に対応すれば、公開していいのではないかという話もありました。しかしウェブサービスとして全国のユーザーに使ってもらうためには、ユニバーサルサービス（どこに住んでいても同じように使えること）を目指すべきであり、そのためには可能なかぎり網羅的に全国の図書館に対応することにしました。

現在、図書館法に基づく「図書館」で計算すると、公共図書館の九三％の図書館に対応していきます。さらに実際には、それ以外に公民館図書室やコミュニティーセンターといったところも多く含まれています。いまインターネット上で、無料で使えるカーリルというサービスは、だいたい月にユニークな利用者数として六十万人ぐらいに使っていただいていて、このあと話すAPIというものを経由してカーリルを間接的に使っていただいている方を含めると、だいたい百万人ぐらいに使っていただいていると思います。

なので、日本の全人口で考えればほとんどの人が使っているわけではない、あるいはまったく知られていないサービス、ということになるかもしれません。まだまだ努力が足りないなと思います。カーリルというサービスは、「Amazon」や国立国会図書館、国立情報学研究所、そういうところがもっている大規模な書誌情報と各図書館のウェブOPACで分散して公開されている所蔵情報、どの本をもっているかという情報を掛け合わせて表示することによって、速く簡単に検索ができるものです。それをいまから六年ほど前に実現しました。いまカーリルが公開しているサービスは、実はそこから大きくは変わっていなくて、最初に考えたものが動いています。もちろん、小さな工夫というのは、いろいろしているのですが。

いろいろな情報を組み合わせて新しいサービスをつくることは、ウェブの世界ではマッシュアップといわれます。マッシュアップという言葉自体は、いまでは古い言葉、死語みたいになってきていて、状況はだいぶ変わってきています。カーリルを始めたころには、オープンデータという言葉はあまり聞くことはなくて、ぎりぎりあったのが、ガバメント2.0でした。ちょうど、政府はもっと〝データ〟をオープンにしていくべきだという議論が出始めたころでした。

私自身は、図書館の空白地帯に育って、小さいころから高校まで、公共図書館を使った記憶がありません。大学のころは、一、二年生ぐらいまで図書館で本を借りたことがなかったので、本当に自分が本を借りられるのか不安でした。それくらい図書館そのものの利用を体験してきませんでした。図書館が整備した各種データベースの検索など、もっぱら、図書館はインターネットから使うものだったのです。それで、出発点は自分たちがどうしたら図書館を使えるだろうかということでした。テーマが決まっていて具体的にどの本を入手するべきかがわからない状態では、過去に出版されたすべての本を検索したいと思います。しかし図書館が提供するOPAC、つまり当時の図書館の検索というのは、その図書館にある本しか出てきませんでした。そうすると実際には「Google」で検索したりして読みたい本のタイトルを調べて、それを図書館で検索するということになります。そこをなんとか解消できないか、というところから始まりました。

サービスを立ち上げた時点では、私は相互貸借という言葉を知らなくて、図書館の人と話をしていて、「実は取り寄せができます」といわれて初めて知りました。それよりも自分が使える図書館はたくさんあって、住んでいる町とか、働いている町とか、通っている大学とかの図書館をまとめて探せたら便利だよねというところから始まったサービスです。

実際のきっかけは、ウェブベンチャーの立ち上げのコンサルティングとかをしながら、地元の市役所にいろいろ関わったりしていて、そういうなかに中津川の図書館建築計画がありました。多額の費用をかけて構築された図書館情報システムのウェブOPACが全然使われていないのをみて、もっと有効活用できるのではないかと考えました。たまたま立ち上げから一緒に関わっていたアメリカ法人のベンチャー企業で、カーリルというサービスを二〇一〇年に開発しました。サービスの開始が一〇年の三月で、図書館をやったらおもしろいじゃないっていう話が出たのが一〇年の一月なので、だいたい二カ月ぐらいでカーリルというサービスを立ち上げました。

それがなぜいままで続いたかっていうことなのですが、いちばん大きかったのはサービス公開後の反響でした。「はてなブックマーク」の二〇一〇年のその日にどういうものが書き込まれたかというと、図書館の検索した結果となんで違うの？だとか、フッターに「図書館の自由」のリンクがあるのがおもしろいとか、でも借りられないオチがついているとか、まあ利用条件とかいろいろあったのです。あったらいいなってサービスが実現した感じ、というのもありました。二、三日の間に千件以上コメントをいただきました。非常に引きが強いと感じました。

こういうなかでいちばん大きかった声というか、メールで寄せられたものも含めて、印象に残っているものは何かというと、図書館にいってみましたという反響が多かった、ということです。そして、新しい本が図書館にあることを初めて知ったとか、そもそもいままで図書館で検索をしたことがなかったので、検索してみたら、わりと図書館に本があるってことがわかったとか、さらに職場の近くの図書館が無料で使えるということを初めて知った、取り寄せしてくれるらしいとか、カードをつくりました、というのもありました。最初に評判が広がったのは、一般の人ではなくて、ウェブエンジニアなどわりと技術寄りの人たちでしたが、結果、何を感じたかというと、「みんな図書館大好きじゃん」ということでした。

なぜかなって思っていろいろ考えてみたのですが、オープンソースの文化は図書館の精神そのものだからだと思いました。だから最初、私が図書館というものに関わったときには、図書館の人たちはなんてすばらしいことをいっているのだろう、すべての検閲に反対して、利用者の秘密を守って、資料収集と提供の自由を有するわけですから、これはインターネットのあり方そのものではあって、あるいはインターネットでまだできていないことが実現できるチャンスがかなりあるのではないかと、そういうことを感じたわけです。いまでもカーリルの画面のいちばん下から「図書館の自由に関する宣言」をいつでもみられるようにしています。これは、どんな事故や事件が起きても、どんな状況になってもカーリルが絶対このページを死守するという思いでやっています。

②企業は公共性が高い――無償でも提供しつづける責任

カーリルを始めてから、図書館の人に「とっても便利なサービスですが、民間の企業がやっていてサービスの継続性はあるのですか?」とよくいわれました。私からすると図書館が先になくなって思っていたし、実際、なくなった図書館も多いと思うのですけれど。でもやっぱり続けるということがけっこう大変で、いろいろな葛藤がありました。私たちは、もともとはウェブの業界でやっていました。ウェブのビジネスというのは、二、三年ぐらいでハイリターンが求められるものですから、カーリルのサービスはユーザーも増えてきていて必要とされているのだけれども、これまでのひな型に沿ったウェブサービス事業でやっていこうとするとうまくいかない。なにがうまくいかないかというと収益が上がらない、評価されないわけです。

結果、ウェブサービス会社ではなくて、もうちょっと腰を落ち着けて図書館をやっていく会社をつくろうということで、株式会社カーリルを設立しました。

いろんな選択肢があったし、なんでNPOじゃないのかとか、いろいろいわれたのですが、私たちは会社を立ち上げました。もともと企業というもの自体が本当はパブリックなものだと、私自身は考えているからです。国内でユニバーサルサービスを提供していきたいわけですけども、例えば「Google」とか「Amazon」とかのほうが日本でも公共性が高いと私は思っていて、狭い地域のことしか考えない、ある意味で公共性がいちばん低いのが行政じゃないかと思っています。私たちは絶対切り捨てないし、すべて無料で提供していくし、お金がないからってそこで終わりにならないってことをやっていきたいと、そのために最適な組織っていうのは、私の考えでは企業じゃないかということを思いました。

そういう取り組みのなかで、カーリルではカーリルＡＰＩ(4)という全国の図書館の情報に無料で簡単にアクセスできるＡＰＩ、データベースを提供しています。これによってカーリルと同じサービスは誰でも無料でつくれることを保証しています。実際、図書館アプリみたいなものもいっぱい出てきました。もはやカーリルではなくて、図書館アプリで図書館の本を探すことが一般的になってきていて、図書館アプリの多くがカーリルが提供しているデータを使っているのですけども、それが十種類も二十種類もあって、新しいものがどんどんできてくるということで、いろんな工夫をしながら、図書館を使いやすくしていくことができるようになりました。

このカーリルのＡＰＩは、カーリルも同じ立場で使っているし、まったく同じものをアプリの作者にも提供しているのですけども、現在三〇％ぐらいがカーリルじゃないサービスからカーリルを使っていただいているという状況になっています。そういうふうにデータがどんどん流通していくと、いろんなことができると考えています。

もう一つ重要なことは、図書館のＡＰＩは止まらないことが絶対条件だということです。ほかの人のビジネスがかかっているわけですから。もちろん商売で使うことも許しています。それが広告収入だったとしてもカーリルのＡＰＩが「これタダだから止まったらごめんね」という話ではすまなくて、二十四時間・三百六十五日、安定的にサービスを提供していく、インフラとしての責任もあるということを感じています。

質問　オープンデータ関連の行政の動きと図書館を組み合わせたサービスモデルというのはあるのでしょうか。

吉本　オープンデータには二つの話が交じっていて、一つはオープンデータによって民間企業がビジネスになる。もう一つが、民主主義の根幹としてのオープンデータという文脈がある。ビジネスとしてはたいしたメリットはないです。後者の知る権利とか、民主主義の根本であるところのオープンデータは、図書館に非常に親和性が高いし、図書館が取り組んでいくことそのものと考えています。

例えば、多摩デポジット・ライブラリーの取り組みでは、多摩地域の図書館がそれぞれの自治体によって運営されていて、どうオペレーションしていくか合意形成できないわけです。まずはデータがちゃんと出てくることが担保できると、合意形成する前に、いろんなトライ、いろいろな議論ができる。多摩地域の三十館のなかでどれくらい重複した本があって、どれくらい除籍される、捨てられるか量的にとらえていくことができる。これはオープンデータというような考え方を導入することの最大のメリットだと思っています。要するに、合意形成を少なくして、合意形成をせずに進んでいく、そして社会的合意を取っていく。こういったプロセスにオープンデータは非常に重要ですし、図書館のデータもそういうなかにあって、とっても重要なものだと思っています。

③データを使ってこんなことができる――カーリルと図書館の協働

いくつか実例をみていきたいのですけども、例えば埼玉県の羽生市で実験しているものですが、カーリルで直近の一週間とその前の一週間で、ユーザーが読みたいボタンをクリックした回数の変動率をみると、最近人気になった本がどういう本なのかわかる。テレビで取り上げられたとか、「Twitter」で話題になったとか、関連するニュースがあったものなどです。古い本でも、最近話題になってみんなが図書館で読みたいと思った本と、図書館の蔵書で貸出できるものをぶつけると、全国的には人気なのだけど、図書館の棚にはまだある本などがデータ抽出できる。状態は毎日入れ替わっていて、新着の棚ってたいてい貸し出されて全部なくなっちゃうわけですから、「ほかに何かない？」と問われるときに、そういうサジェストができる分析です。

多摩デポジット・ライブラリーの少し趣が違う例もあります。全国の図書館の所蔵情報があるので、これを図書館業務のなかで使えないだろうかと考えたとき、実際にはバーコードリーダでISBNをなぞると、多摩の図書館三十館のうちに何冊あるかがすぐにわかる。それで何かできるかというと、多摩地域で「ラストワンツール」に取り組んでいこう、最後の一冊、最後の二冊を各図書館で保存することによって、ロングテールの部分の提供確率を上げていこうという取り組みです。そのためのチェックが簡単にできるようなツールを開発しています。

カーリルは図書館の所蔵データを絶え間なく流通させていますが、このデータをみると、どのタイミングでどの図書館にどの本が入ったかという情報が克明に記録されていくことになります。これは図書館の〝いま〟のデータをみてもわからないことで、常にカーリルがその瞬間その瞬間のスナップショットとして、各図書館の蔵書がどういう状況だったかを保存しているから、それをあとからみてみることができるのです。例えば、『絶歌』[5]という本が、去年〔二〇一五年〕テレビでも話題になったときに、全国の図書館の人がカーリルで、うちでも買ってもいいかなってどうやら調べていたらしいということがわかります。そういう状況を全部みていくと、この黒い線のほうが『絶歌』、点線のほうが『火花』[6]で、発売日〇日目からずっと横軸に並べて、図書館にどう入っていったのか、縦軸が所蔵館数です。[7]

例えば、『火花』については十三日目ぐらいで六百冊ぐらい、十五日目ぐらいで六百冊ぐらいだったものが、『絶歌』については、五十冊いっていなかった。追っていておもしろいのは、この『火花』のほうで、どっかのタイミングで鈍化して、ここでたぶん出版社の在庫がなくなったのだろうなというようなことがみえてきたりします。そういうことがわかってくるようになっています。これらの分析は、個人情報などとは完全に切り離されてオープンデータだけで構成することができます。

質問 図書館を使わない人を対象にした取り組みで技術的に解決する方法はないでしょうか。

吉本 新しい本が出るとカーリルを使って、所蔵しているところに全部予約を入れる人、けっこう多いわけです。でも初めて図書館に行ったという人は、貸出中ばかりでなかなか本が借り

られないっていう状況があるのかなと思います。初めて図書館にやってきて「図書館ってすごい、使える」という体験を広げていくことも重要だと感じています。このへんに関してはもっと工夫できるのではないかなと思ったりもします。図書館のシステムでいま開発会社への要望などでもいちばん複雑なのは、予約の扱いらしくて、図書館の人とシステムの話をするとだいたい予約の話が出てきます。だとしたら、集合知、みんなでもっと知恵を絞れば、もっと賢い予約アルゴリズム、予約順位アルゴリズムっていうのが、実現できるのかもしれません。例えば、初めて使うユーザーなら「今日借りられますよ」、今月もう十冊借りている人なら「来月に回せばいいじゃない」。そういう、公平性と公正、あるいは図書館にとってのメリット、あるいは全体利用者にとってのメリットなどっていうところも、システムのほうで考慮していく必要があるのかもしれません。

④データを使ってできることを一緒に考えよう——例えば本の動きで書架を最適化

こういうデータがあると、何ができるのかを考えてみます。ここから先の話は、何かやりたい人がいたらぜひ一緒にやりましょうという話です。一つの本が、図書館によって同じ分類の棚に置かれたり、あるいは違う分類の棚に置かれたりすることがあります。全国的にみていくと、この分類の棚に置いた図書館は、例えば全体の二〇％で、こっちの分類の棚に置いた図書館は全体の三〇％、みたいに数字が異なってくるかもしれません。そういったときに、どっちに置いた本のほうがよく動いているのか、つまり貸出率が高くなるのか、みたいなことが考えられるかもしれません。データとしてただ最適化しましょうという話ではなくて、もしかしたら図書館員にとっての気づきとか感覚だけではできないデータの活用ができるのではないかということです。これをどんどん突き詰めていけば、蔵書構成とか蔵書評価の際に、工夫するチャンスがもっと増えてくるのではないかと考えています。

このようなデータ分析による開架の最適化は、いろんなことができると思います。例えば、古い本だけれど最近動いている書庫の本は開架にもってきたらいいのではないかとか、あるいは開架じゃないと動かない本とかがあります。つまり検索されない本、表紙がみえているから動く本と検索で引っかかってみえる本というものがたぶん、わりとパキッと分かれると思います。そういったものを分析していくと、どの本を並べておくと動くのか、いい図書館という定義は難しいですが、読みたい本があるねっていわれるようなことがデータからかなり分析して追えるかもしれません。このようなデータの分析を活用することで、図書館の司書の活躍の場がもっと広がるのではないかと思っています。

カーリルで、もしくは私自身が、ここ一、二年ぐらいで取り組みたいことは、普通に検索できるようにするということです。じゃあ、いまは普通に検索できていないのかといわれると、たぶんできていないです。カーリルでもいろいろな課題があって、例えばISBNがない本についてどう扱っていくかなどの課題があります。そういうなかで、ユーザーは、普通にキーワードを入れれば出てくるのが当たり前だよねと期待しているわけですが、必ずしもそうはいかない。そこのギャップをどうやって埋めていくかです。この話は、たぶん、ユーザーにとってはあんまり直接的な驚きはなくって、なぜならすでに当たり前だと思っていることなので、どちらかというと私たちのなか、図書館の内側の問題です。

⑤使えない図書館の横断検索を駆逐する——カーリルの検索システムを使って

その第一歩として、二〇一六年の四月、京都府立図書館の横断検索をカーリルが担当して、横断検索の速いサービスができました。六十館ぐらいの検索は一瞬で検索できます。このプロジェクト、本当にいい機会をいただいたと思っていて、開発期間は実際には一カ月だったのですが、それまでに六年間ぐらいずっと、カーリルが、検索システムでこういうことやりたい、ああいうことやりたい、こうしたらどうか、などといろいろ考えてきた結果を全部その一カ月に詰め込みました。設計が十五日ぐらいで開発が十五日ぐらいだったのですが、その十五日間ぐらい非常に濃厚な時間を過ごしたという気がします。

こういうことをやっているのは、基本的には六年間の反省だと思います。六年間の反省って何かというと、公共図書館の世界、あるいは業界というものがあって、なんかシステムの費用は高くて遅くて使えない世界がある。図書館の人、歯切れが非常に悪いのです。「カーリル使わせてもらっています。うちの都道府県以外は」とかいろいろいわれるのですが、実質はカーリル使っていただいていることも多い。カーリルのデータを使って所蔵データを量的に研究するというような取り組みも増えてきている。もしくはアプリを使っていただいて、データ流通をカーリルが支えてきた部分もあるのですが、正面切って図書館でカーリルを活用するという展開がなかなか進まなかったということがあります。

多くの都道府県立図書館にとって、カーリルもあるからっていう、よくわからない状態になっていた。で、何をしたかというと、伝統的な横断検索システム、これは、カーリルがずっと否定してきたもので、詳細検索画面で検索窓に細かい項目がいっぱい載っているような画面、こういうやつはもういらないのだろうって思っていたけど、こういうものをあらためてちゃんとつくる、使えるものをつくっていくことに取り組んだわけです。

要するに、伝統的な横断検索システムを再発明したのですが、これはカーリルが六年間図書館の人にいろいろ教えていただいた図書館の考え方を、基本になるＡＰＩの設計、データモデルの設計に取り入れました。要は、図書館のデータをこう扱ったら、たぶん効率的に扱えるだろうというものをつくったのです。個々の技術がすごいというものではなく、全部既存のものをもってきてやっているだけです。その設計モデルの違いだけで、実はここまで使いやすくなるということがわかりました。

ねらいは、よりオープンに図書館のデータが流通することをベースにして、速くて安くて正確というところを目指していきたいということであり、カーリルもそれを使うし、図書館もそれを使うし、あるいは研究でも使うし、アプリでも使うというような、次のステップに進んでいきたいと思っています。そのためには、多くの図書館と一緒にやっていきたい。いままでは、たぶんカーリルは別にあって、カーリルの世界があって、図書館があって、正直、コミュニケーションするのも面倒くさいっていうことで、それはそれでうまくいってきた部分もあるんだけれど、少し面倒くさいコミュニケーションを取りながら、やっていきたいなということを始めたということです。「日経ビジネス」の記事に出たのですが、実はカーリルがその京都府のプレスリリースに書いたもので、使えないものはやっぱりなくしていきたい、動くようにしていきたいってことを思っています。そのために何をやったかっていうと、人口一万人あたり月額六百円という値付けをして、カーリルと同等のものがつくれるＡＰＩをカーリルが提供していくということを始めました。

これを京都府で採用してもらってから、ほかでもいろいろ始まっていて、例えば、沖縄県の恩納村では、周辺地域と友好図書館になっている北海道の石狩市をまとめて探せる検索サイトをつくりました。福岡県の小郡市では、県境を越えて福岡県と佐賀県の相互貸借協定を結んでいる図書館を簡単に探せるサイトを立ち上げました。福井県鯖江市では、人口一万人あたり月額六百円を払えば対象図書館数に制限なしというモデルで、この「さばサーチ」の検索は、もちろん地域資料とかも全部出てくるものですが、いまの時点ではカーリルのサービスよりも速いです。一瞬で出てきます。丹南圏内、福井県内、鯖江市だけ、石川県、愛知県、岐阜県とか、だいたい四百館ぐらいを横断検索できるという検索サービスを鯖江市が提供できるようになっている。そんなことが今年やっていることです。

これを通じて何がやりたいかというと、基本的に自分たちが開発した横断検索の技術をどんどん陳腐化して価値をなくしたいということを考えています。どんな規模の図書館でも、これは村の図書館だろうが、都立図書館だろうが、国会図書館だろうが、検索端末で普通に検索したい。当たり前のことですね。データがつながっていて、本がつながっているので、地域とか、場所とか、自分の立場によって、そもそも本の存在自体がわからないってことがあってはいけない。入手のしやすさには、程度の違いはあるけれど、まずは探せるようにしたいと思っています。

それと同時に、図書館員が手軽に検索サイトを立ち上げられるようにしたい。もちろん、自分の図書館のデータだけではもう意味がないというか、そういうレベルではないんじゃないかなと思っています。ただ、どんなサービスを提供したら便利なのか、意味があるのかということに関しては、正直よくわからないので、最終的には、こんなの無駄といわれるかもしれないけれど、いろいろな検索をやっていきたいということを思っています。それによって何かみえてくる未来もあるんじゃないかと思います。

質問　どうしてあんなに検索が速いのですか？

吉本　なんで速いかというと何もしてないから速いのです。唯一あるとすると、キャッシュという考え方を使うことでものすごく速くなる。使われる部分をより前に出しておくという当たり前のことをすることによって、速くなるということです。これはキャッシュ・アルゴリズムとかLRUとかいうんですけど、実は図書館の除籍アルゴリズムなんです。いらないものをどう捨てるかっていうアルゴリズムがうまくいっていると速い。「Google」とか「Amazon」、あるいはカーリルなんかが、日々そういうことを考えながら研究開発しているところです。これを図書館にもっていくと何ができるか。より利用しやすい資料を前面に出していく。図書館でそういうアルゴリズムを使って実際に展開していくときには、もっと図書館が楽しくなるんじ

ゃないかな、そういう可能性もこの話をしていて感じました。

⑥突然消えていく図書館がある——自律分散協調の精神で知の共有

カーリルが考える未来の図書館っていうのを最終的にまとめてみたいと思います。私自身、図書館の空白地帯で生まれ育って、図書館ってあんまりよくわかってなかったわけですが、「現時点でじゃあ図書館って使えるか」と問われると、まだあんまり使えないというところがあります。これからどうやって使える図書館をつくっていくのかというところに、大きな可能性があるのではないかと考えています。あえていうと、新しい図書館への興味よりも、暗くて古い図書館が世の中にはあるわけです。多くの人にとっては、このほうが当たり前じゃないかなと思います。実際、ユーザーは図書館を選べないですね。東京にいるとあんまり感じないかもしれないのですが、岐阜の山奥にいると自分が使う図書館は生まれたときから決まっていて、それは選ぶことができない。そういうなかで、図書館の最低保証、例えば、少なくとも本が探せるとか、情報があることがわかるとか、図書館がどこにあるかわかるとか、そういうところをきちんとやっていくのがカーリルとしてのミッションなのかな、私たちの責任なのかなということを勝手に思っています。

知を広く共有するとか、いまを記録するとか、図書館のコンセプトってとっても強いと思っています。まとまるかわからない話をするわけですけど、IPv4っていうインターネットの基礎になるプロトコル、もちろんいまも使われているものがいつ設計されたかを調べると、一九八一年、私が八二年生まれなので、三十五年ぐらいたっているわけですね。いまだにその三十五年前の設計が、世の中で最先端として動いているっていう状況があって、やっぱりいい設計っていうのはけっこう広がるし、使われるし、時代を変えます。そのIPv4の基本的な精神というのは、自律分散協調です。みんながバラバラに勝手なことをしても、なんとなくうまく動くことを理想とするものです。最近私が感じているのは、はたしてこの自律分散協調が、本当にうまくいったといえるだろうかということです。どういうことかというと、インターネットの集中化が進んでいる。例えば、「Google」のように大きなデータセンターを構築して、ものすごく莫大な投資をしないと、世の中が変わらない。それを使わなければやっていけなくて、勝手に何かすることは非常にやりづらいという状況になってきています。あるいは何かを知るっていうことに関しても、昔の牧歌的な時代は各ユーザーがウェブサイトをつくって、それを発表して、それがなんとなくつながるみたいな話だったのですが、いまでは、基本的に「Google」に拾ってもらうか／拾ってもらわないのかという話になってきています。「Google」以外にも「Bing」があるよねとか、いろいろあるけれど、それほど多重化されていない。けっこう脆弱なうえに、インターネットっていうものが突き進んできてしまったというところに対する反省ではないですけれども危機感、いや何か、もうちょっとやったほうがいいだろうという思いがあります。で、そういうなかに図書館というものが非常にはまってくるのではないかと私自身は思っています。

期待があるからこその衝突というのが、武雄市図書館とかCCC〔カルチュア・コンビニエンス・クラブ〕の話などにもつながっているのかなと思います。そこでいろいろ意見を言っている人はみんな図書館を使っているのかというと、たぶんそんなことはないでしょう。それでもみんな思いはある。これをどう拾っていくかということが重要なのかなと思います。つまり、インフラとしての図書館の重要性、当たり前にそこにあって、当たり前に機能していることの重要性をカーリルは重視していきたいと考えています。

もちろん、行政の立場からすると何人来て、何冊貸してっていう話にはなってしまうのですが、来館だけが利用じゃないっていうことも実はユーザーはみんな気がついているんじゃないかということを感じています。

こっそりなくなる図書館というのがあって、これにカーリルはいちばん困っています。クレームとして、本当に怒った電話とかがかかってくるのです。図書館にいったのに図書館がないっていう。嘘のように思うかもしれませんが、実際こっそりなくなっていく図書館がある。新しい図書館が建つときはこんな図書館が建ちますよって大々的に宣伝しますが、なくなるときは、こっそりなくなるっていうことが全国で起きています。

これをカーリルが追跡するために、データ分析で突然、所蔵率が減った図書館を検出する仕組みを整備しています。これがけっこう大変です。実際、図書館がなくなっていく未来っていうのが現実になってきていて、図書館空白地帯にどうやって図書館をつくっていくか、実はこのほうがまだチャンスがあるのですが、いままで図書館があったところから気づいたら消えていく図書館がいっぱいありそうです。すでに予算がなくなったといってウェブOPACの公開ができなくなる図書館が年に二館ぐらいずつはあります。そういう図書館が、すでに十館以上になってきている現状があると思います。たぶん住民もあったほうがいいっていえなくなっているような自治体も多いのかもしれません。

⑦未来の図書館――ミッションはユニバーサルな図書館サービス

そういう未来のなかで、全国で、ユニバーサルな図書館サービスをどうやって提供していくかがカーリルにとって重要なミッションだと思っています。これは生き残った図書館と連携する必要があると思っています。先ほどの横断検索の話でも、周りの図書館でできる人がいなくなっちゃって、地域を超えてうちの図書館がサービスしないとねって思い始めている市町村の図書館もけっこう多いということを、こういうサービスを始めてみて、またいろいろ問い合わせを受けて感じています。

そういうなかで、カーリルとしては技術とか設計とかにしっかり向き合うということが重要だと思っています。日々のちょっとした改善というのも重要ですけども、根本的な設計をちゃんとするということが、もっと重要じゃないかなと思っています。この話はシステムの話のようにも聞こえますが、図書館の世界に戻したときには、例えばミッションだったり、制度だったり、図書館の機能とか、そういったことだったりします。そんなのやりつくしたよって思うかもしれないけれど、あらためてしっかりやってみると、おもしろいのではないかな、なんてことを思っています。

2　第二回：図書館とソーシャルイノベーション――二〇一七年十月十一日開催

図書館の活動はソーシャルイノベーション

ソーシャルイノベーションというのは、普段あまり使わないけれど、ときおりは耳にする言葉かと思います。端的にいえば社会を変革する、社会をよりよくしていく活動のことです。図書館という試みは、人々の読書や話し合いを通じてコミュニティをよくしていこうというものでした。そのように、ソーシャルイノベーションは図書館とわりとなじむものだと思います。

そこでソーシャルイノベーションといわれている活動から、図書館にとって有用な示唆が得られるのではないかと考えました。また、図書館はそのような活動に寄与できる可能性もあります。そんなことを思い浮かべながら、今回これをテーマに仕立てました。

ソーシャルイノベーションの活動

ソーシャルイノベーションは、ときにバズワード、つまり、もっともらしいけど実際には定義や意味があいまいだとも指摘されます。その意味するところはなんでしょうか。

ソーシャルイノベーションは、社会的な革新、社会を変える活動であるといいました。例えば、みなさんがおもちのスマホ、この数年の間にこれが本当に社会を変えたと思います。その技術的な便宜性だけではなくて、例えば人と人のコミュニケーションや私たちの社会関係のあり方をずいぶん変えました。しかしこれは製品のイノベーションであり、いわゆるビジネスイノベーションです。収益を求めてそういった技術開発がなされ、それが世の中に普及して、その結果として社会が変わったのです。これをソーシャルイノベーションとはいいません。

ソーシャルイノベーションというのは、社会的なニーズに合致するという目的に動機づけられたもので、収益を得ることは組織の存続としては必要ですし、収益が多いほうが事業は拡大できるわけですから重要なのですけれども、収益だけが中心的課題、動機ではないというものです。そこのところ、なかなか難しいので、ソーシャルイノベーションを実際に展開しているものにはどんなものがあるかを具体例でみておきましょう。

例えばオープンソースのソフトウエアです。ご存じのLinuxだとか、各種各様、ものすごい数が出ていると思います。また、自然食品の普及活動、ビオ〔日本では有機といいます〕食品の販売活動もそうです。あるいは、開発途上国の人々の生活が維持できるように、生産物を買い叩くのではなく必要な経費はきちんと払うフェアトレードという活動もあります。そのようになんらかの社会的ニーズに合致する目的に動機づけられておこなわれていて、非営利活動にとどまらず、企業的な活動としても展開されてもいます。

大きな話題になった事例には、マイクロクレジットがあります。商業銀行から融資を得られないような人々を対象とする、非常に少額の融資をするものです。バングラデシュでつくられたグラミン銀行が成功をおさめ、それをつくった人はノーベル平和賞をもらいましたね。身近な例では、徳島県上勝町の「葉っぱビジネス」、町の高齢者たちが、料理に添える葉っぱを取ってきて、その葉っぱの販路をつくり、高齢者たちの生きがいや健康管理にも有用な効果を得たという「いろどり」(8)という事業は、とても効果的なイノベーションです。

ソーシャルイノベーションの定義

ソーシャルイノベーションがいつのころからのものかについては、思想的にさかのぼればロバート・オウエンの運動にもつながるでしょうが、これが表面に出てきたのはだいたい世紀が変わるころ、二十一世紀になってからといわれています。なぜそのようなタイミングかというと、私たちが抱える問題が非常に難しくなってきたからです。二十世紀末のころから、一般に企業が合理化というか、スリムな経営に移行しました。そうしますと雇用問題に響き、雇用不安も出て、あるいは会社内部もスリム化し、余裕がもてなくなって組織内外で共同して事業を展開するというような雰囲気がなくなりました。こういう状況は、国や地方というような行政組織も同じで、経費をなるだけ削減するいわゆる新自由主義的な政策が選好されました。もちろん、この動きは、インフレーションの抑制とか、生産性の向上には寄与したと思います。しかし小さな政府を目指すなかでは、健康、文化、福祉、環境というような予算が削減され、対応が遅れがちになりました。

図書館予算の削減もその一環だと考えられます。そして、貧困や就労の問題が顕在化し、以前は相互扶助的な役割を果たしていた地域コミュニティが縮退していくというような社会状況になって、社会的課題が深刻になってきたということで、世紀の変わり目のころから、公共性でもなく、利潤追及でもない新しい行動原理が出現してきたのです。社会的価値を追求していくことによって、社会的課題の解決を図ろうという動きです。これが、ソーシャルイノベーションで、この動きは目新しく、最近になって社会的に認知されるようになってきたものです。

提言2：図書館で変わる！地域が変わる！——ソーシャルイノベーションに向けて　太田 剛(9)

①本の手渡しから始まった——「ふみの森もてぎ」オープン

まず、この映像（写真2）ですが、私たち「図書館と地域をむすぶ協議会」がソフト関係を全部コーディネートして、昨年〔二〇一六年〕の七月にオープンした、茂木町の「ふみの森もてぎ」という新しい図書館がオープンする三カ月くらい前です。建築設計は龍環境計画で、地元の木材をふんだんに使ったすばらしい建築をつくってくれたのですが、私たちはその中身をフルコーディネートしました。この映像は何をしているかというと、もともと茂木町には図書館がなくて小さな図書室があったのですね。その図書室から、普通は業者にお願いして蔵書をトラックに積んで引っ越しをします。今回、だいたい古い図書室から新しい図書館の間って四百メートルくらいなのですけど、町民を三百五十人集めまして、一列に並んでいただいて、全部手渡しで引っ越ししました。これが私たち「図書館と地域をむすぶ協議会」の考え方をとてもよく象徴していると思うので、講演会などでいつもお見せしています。これは業者さんにお願いしてお金を払えばすむ話ですよね。私はもともと引っ越し業者で四年くらい働いた経験がありまして、数千冊の本の引っ越しはあっという間ですよ。それこそ二トン車一台あれば入ってしまう。それをこうやって一冊ずつ三百五十人の手で、老若男女、最後のほうには車いすの人たちも並んでいらっしゃいますが、なかには図書室を使ったことがないという人も多いわけです。

このときに運んだのは二千冊くらいですが、一冊一冊、三百五十人の町民が蔵書を手にする。し

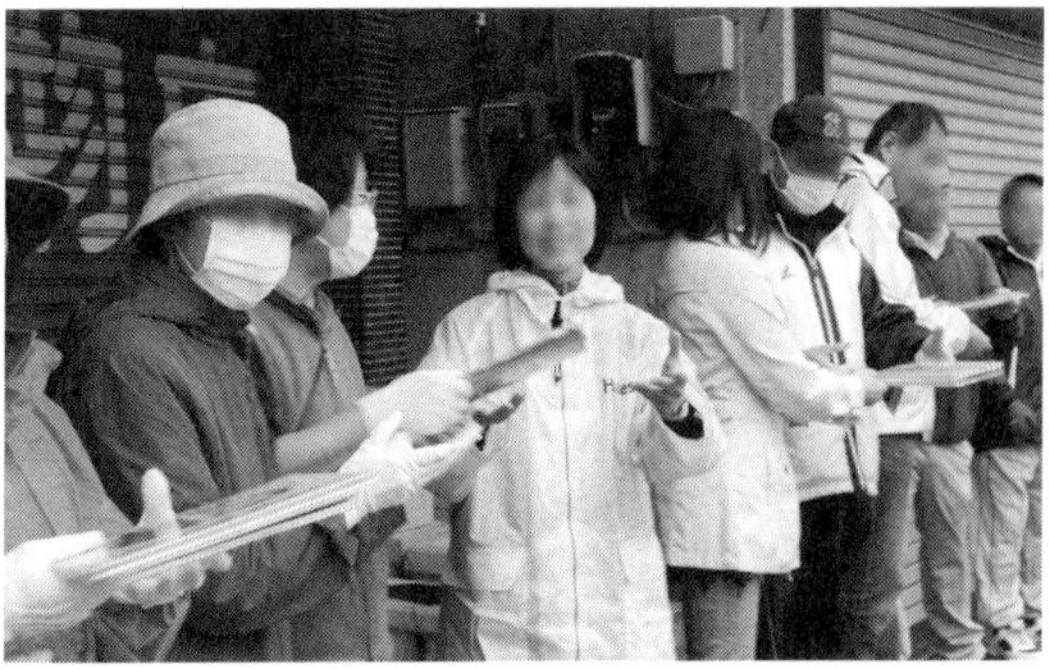

写真2　「ふみの森もてぎ」への引っ越しの様子

かもこの四百メートルの道路は、茂木町のかつての中心商店街で、いまはすっかり閑古鳥が鳴いているといいますか、ただ、ちょっとおもしろい商店街で、シャッター街ではない。店は開いているのですが、人の気配がない。だから、このなかには店番をしていたおばあちゃんが「なんだ？なんだ？」と出てきて、「お祭り以外で、こんなにこの商店街がにぎわったのは何十年ぶりだ！」って泣いていたりして。これが直接に経済化するわけではないのですが、私はこういうことを一つ一つ積み重ねて起こしていくことが、ソーシャルイノベーションにつながるのかなと思っています。ベストを着ている人たちは地元の信用金庫の人たちですが、こういう地元の企業も人を出してくれたり、あるいはこのときに来てくれたみなさんに地元の和菓子屋の協力でお土産を用意するとか、いろいろな「つながり」が生まれていきます。ソーシャルイノベーションというとなんとなく難しそうですが、それまで業者に頼んで、お金で解決していたようなことでも、ちょっと考え方を変えれば、何かがスタートができるのではないのかなと思っています。

②地域づくりの核になる図書館を目指す――気がつけばこれがソーシャルイノベーション！

今日の話、「図書館で変わる！地域が変わる！」ですが、ここでちょっと注目してほしいのは、「図書館「が」変わる」ではないのですね。「図書館「で」変わる」なのですね。この「が」が「で」であるというところが、私は今日のテーマの「ソーシャルイノベーション」の根本的なところだと思っています。「図書館「が」」と、図書館を主語にして話しているうちは何も変わらないと思います。では、「図書館「で」」何が変わるのかっていうと、「地域「が」変わる」。今日はこの「で」と「が」にちょっとこだわってみていただきたいと思います。

お手元の黄色い冊子「「綴」通信[10]」ですが、私たち「図書館と地域をむすぶ協議会」で一年に一回発行しているものです。最初が二〇一四年十一月の図書館総合展で配った創刊準備号で、タイトルが「図書館の本来と将来を考える」。「図書館と地域をむすぶ協議会」ができたばっかりのときです。武雄市の図書館が話題になっていたころですね。どうも図書館の本来を忘れているのじゃないかと、もう一回図書館の本来を考え直して、将来を考えようよということで、このタイトルにしました。次の一五年に発行したのが創刊号で、タイトルが「地域づくりの核となる図書館」。私たちの協議会でも、幕別町図書館とか茂木町の新図書館などの事例ができてきまして、私たちは「地域づくりの核となる図書館」を目指してやっていこうということで、こういうタイトルになりました。次の、一六年のタイトルが、「地域づくりの核になる図書館」をさらに一歩進めて、「図書館でソーシャルイノベーション」になりました。ちょうどこれが一年前です。この一年で、「ソーシャルイノベーションと図書館」という話は、ガンガン流行してくるだろうと思っていましたが、意外とき てなくて。「あれ？　なかなかついてこないな」って思っていたときに、今回、永田さんからお話いただいて、「ああ、やっときたか」と思っているわけです。

これは「日経新聞」の記事「図書館をまちづくりの核に　四百九十七自治体が交流や就業支援の場」[11]ですが、日本図書館協会（日図協）が発表した「自治体の総合計画等における図書館政策の位置付け及び資料費・事業費の確保について」のアンケートの調査結果を取り上げたものです。少しびっくりしたのですが、このタイトルからして、日図協が「図書館をまちづくりの核に」とかいいだすとは思ってなかったので。しかもアンケートの結果は、四百九十七自治体がもうやっていますと手を挙げたと。中身をみると「これ、まちづくりかい？」っていう案件もあって、どうかなという疑問もありますが、ただ一応四百九十七自治体が図書館をまちづくりの場だと考えていると考えれば、ここまできているんだって感じ入りました。さらに、明日からですよね、日図協の全国図書館大会。大テーマが「まちづくりを図書館から」とうたっています。日図協もこっちにくるんだって、ちょっとびっくりしているわけですけど。私たち「図書館と地域をむすぶ協議会」は、こうやって二〇一四年、一五年、一六年と、段階を経て「まちづくりの核になる図書館」を考え続けて、「ソーシャルイノベーション」まできたのですが、今年の分は、ちょうど編集中ですが、どういうタイトルにしようか、この先に何がくるのかと考えているところです。[12]

今日はこのソーシャルイノベーションの話をします。先ほど永田さんから、ソーシャルイノベーションについてご説明いただいたので、だいたいみなさんご理解いただいたかと思います。これは一つの定義ですが、日本財団のソーシャルイノベーションフォーラムによると、「よりよい社会のために新しい仕組みを生み出し、変化を引き起こす、そのアイデアと実践」、それがソーシャルイノベーションだと定義しています。その次が大事なのですが、「ソーシャルイノベーションが多く実践されることによって、本当の意味での持続可能な、みんながみんなを支える社会」が実現すると。つまり持続可能な、みんながみんなを支える社会をつくる、これがソーシャルイノベーションだといっています。

③なんで図書館の本はワクワクしないの？——幕別町図書館長の三つの疑問

実は、私たち「図書館と地域をむすぶ協議会」はソーシャルイノベーションを目指してやっていたのではなくて、先ほどの茂木町の新しい図書館とか、これから話す幕別町図書館のシステム改修から始まったのですが、そういう図書館案件に関わるなかで、あとからこのソーシャルイノベーションという概念を日本財団のフォーラムで知って、「私たちがやっていたことって、このソーシャルイノベーションなんじゃないの？」と気がついたという感じなんです。

では、どういうつもりでやってきたかというと、ここ五年ぐらい、いろんな図書館に関わりながら、相談を受けたり、話を聞きにいったり、いろいろ見聞きするなかで、すごく感じたのが、この「今だけ、金だけ、自分だけ」…でいいんですか？」。これ、ある本屋の平台で一冊だけ裏返っていて、この裏表紙の帯をみてドキッとしたのですが。これを「三だけ主義」といって、最近けっこう聞くようになりました。「今だけ、金だけ、自分だけ」、この「自分だけ」のところを「図書館」に変えたときに、「いまだけ、金だけ、図書館だけ」でいろいろなことが動いている事例があまりに多いんじゃないのかと気がついたんですね。ソーシャルイノベーションの逆がこれだと思います。

「いまだけ、金だけ、図書館だけ」といえば、茂木町の引っ越しもそうで、引っ越し業者に丸投げすれば、いまはそれでいいかもしれない。でも、業者さんを叩いて、段ボール代まけさせたりして、予算は助かったかもしれない。でもそれって図書館のためにはなっているけれども、市民のため、町民のためになっているかと考えたときに、少しやり方を変えるだけで、すごくおもしろいことができるじゃない？　茂木町の例だと、あの引っ越し大作戦を実行委員会方式にしました。その実行委員会の人たちが核になって、のちに「ふみの森の仲間たち〝こだまの会〟」という図書館のサポート組織ができました。いまでは百人以上のメンバーに拡大して、さまざまな図書館の手伝いをしていただいています。このように、当たり前にやっていることの、少しやり方を変えればいろいろなことができるんですね。

私が図書館に関わることになった最初、ことのはじまりは幕別町図書館でした。ミャンマーの少数民族武装勢力の拠点に潜入取材したり、世界中のハンセン病コロニーを回ったりしているときに、幕別町図書館の長谷繁館長、この方は企画畑などにいた方で図書館は門外漢でした。その長谷さんが、定年までの残り四年くらいの最後の花道として、図書館長になりました。春になるとタンポポが咲き乱れる美しい図書館ですね。この本館と、ほかに分館二つで約二十四万冊の蔵書数です。その門外漢の長谷さんが館長になってみて思ったことが三つあったそうです。

一つめは「なぜうちの図書館の本棚はワクワクしないのか」。「本屋さんの本って読んでくれ読んでくれって迫ってくるのに、なんでうちの図書館の本ってこんなに読まないでくれって顔しているの？」と思ったそうです。これわりと簡単な話で、図書館関係の方はわかりますよね。ＮＤＣ（日本十進分類法〕は別にワクワクさせるためにできている体系じゃないので、NDCで分類配架された図書館の本棚は「読んで読んで」って迫ってくるわけないですよね。実は、その前に選書の問題もあるのですけどね。

二つめが、「なぜ蔵書点検に一週間も十日も休んでいるのか」と。「普通の本屋だったらつぶれているだろう。そういうことしていていいのか」と思ったと。

三つめは、「なんでOPACは、自分の館のなかの本のある／なししか教えてくれないのか」と。「本来だったら、近辺の図書館、あるいは近所の本屋でその本が買えるかどうか、そこまでナビゲートしてはじめて地域の人に「本のレファレンスをするのは図書館だ」って胸を張れるんじゃないのか。自分の図書館のなかだけ案内していて、こんなんでいいのか？」と、三つの疑問をもって相談にきました。

先ほどの蔵書点検の休館日が長い話だとか、図書館間の相互連携とか、そのあたりの疑問はシステムでほぼ解決できると思いました。これはLENコード〔カメレオンコード〕というカラーコードなんですが、幅五・二ミリくらいまで小さくできます。これを蔵書の背表紙に全部貼って、カメラで横にサーッと撮ると一気に蔵書点検できてしまう。幕別町図書館で全国初の全面導入に踏み切ったのですが、このおかげで蔵書点検の休館日はゼロにできました。問題は、ワクワクする本棚なのですが、NDCの分類配列を全部崩してやりかえるわけにもいかないので、このLENコードとセットで編集的な概念をもった蔵書管理システム〔チェンジ・マジック〕を導入して、いろいろな特集棚を自由にガンガンつくれるようにしました。

質問　地方自治体のなかに味方になってくれる人をつくる方法、コツなどがあるでしょうか。

太田　既存の図書館と役場とのコミュニケーションラインに頼ったり、そのコミュニケーションラインにがっかりしたりしないで、一つずつルートをつくっていくしかないと思います。建前論が出てきたときは、無視したほうがいい。別のルートでよくわかっている人がいるはずですから。まっすぐに、教育委員会の案件だからって教育委員会に通して動かそうとしていると、たぶん動かないと思います。そのときに、図書館のシンパになってくれる人がいないとダメなので、とにかく役場の人に図書館に足を運んでもらうのが大事だと思います。そのためには、選書からやり直さなければだめだと思います。役場の職員が読みたい本がありますか、っていうところです。そういう本がもし置ければ、呼んでこないとだめですから。今度こういうのを企画で使ってくださいよと、そういうことを一個一個積み重ねていかないと、役場と図書館の溝は埋まっていかないと思います。

④地域経済の循環を起こす——装備を福祉施設の仕事にすれば

一応、ＬＥＮコードと蔵書管理・書架編集システムで三つの疑問はほぼ全部クリアできたと。けれども、そのシステム改修の準備の過程で、いろいろなことがみえてきたわけですね。まずこのＬＥＮコードを装備しないといけない。そのために、図書館が新しい本を買うときに、装備してくれるところにお願いにいく必要がある。ふたを開けてみたら、本は東京の専門業者から買っていると。

図書館のすぐ近くに地元の本屋があるのに、どうしてそこから本を買わないのか。しかも、東京の業者にLENコードを貼ってほしいとお願いにいったら、断られました。フローが決まっているので、そんなめんどくさいことできないと。じゃあどうしよう、ということになった。そもそも地元の本屋から本を買うのが筋だろうということで、相談にいきました。もう代替わりしていて、若い社長なんですが、連絡していったのに迷彩服着て「何しにきた？」みたいな顔して出てきました。

いろいろ話を聞くと、図書館のすぐそばの本屋なのに、生まれてから一回も図書館にいったことがないと。もう関係が完全に切れてるんですね。でも、形だけは書店組合から納入することになっていて、実際は東京の専門業者が発注を受けて、装備も納品もすべてやっている。組合には二店登録されていて、納入された本の金額の五％がマージンとして組合に入り、お小遣い程度のよくわからないお金が毎月入っているという。組合を構成しているもう一店にも話をしにいきましたが、半分釣り具屋さんのようになっていて、高齢の店主には電算化された図書館への納入はとてもできそうもない。先ほどの若い社長に、図書館でこういうことをやりたいので、地元の本屋から調達したいと説明すると、とてもできないっていうんですね。装備がネックになってできないと。本のフィルムコートですよね。

装備をまともにやると、一冊二百五十円くらいかかる。一冊千円の本を売ると、本屋のもうけがだいたい二百十円から二百二十円ぐらいです。図書館関係の方で、こういう流通のお金の話をほとんど知らない人もいるんですよね。「千円の本を本屋さんが売って、利益いくらか知っていますか？」と聞くと、ポカーンて口開けてる司書が多い。これは知っといたほうがいいですよ。だいたい二一％前後です。それで装備代二百五十円もかかると赤字ですよね。千円の本ならまだいいですけど、文庫本とかね、六百円の本で利益が百二十円くらいしかないのに、装備代に二百五十円かかっていたらもう、やっていけるわけないんです。「それはおかしいね」というのでいろいろすったもんだしている間に、その本屋の若い社長が自分で福祉施設を見つけてきました。就労継続支援B型[13]といわれる福祉施設です。福祉施設で装備をやってもらおうということになって、ミラータイムという小さな福祉施設ですが、最初は、図書館の司書たちが障がい者のみなさんに講習しました。アスペルガー症候群とか発達障害とかそういう人たちなのですが、講習会は半日ぐらいで、手順はほぼ覚えてくれた。そこで、幕別町図書館の新規購入の本は、全部こうやって福祉施設にやってもらうことになりました。就労継続支援B型なので、B型って一日一人五千何百円くらいの給付金がありますす。それで職員の人件費や施設費用に回すのです。工賃はそのまま障がい者の報酬になります。幕別町では、最初は書店が五十円を負担して、フィルム代は図書館が雑費として負担して、三方一両損じゃないですが、書店も図書館も負担することで始めました。いままでは全部東京の業者にタダでやってもらって、お金は助かった。さっきの「いまだけ、金だけ、図書館だけ」ですよね。普通なら、これでよかったよかったとなるところですが、こうやってみんなで少しずつ負担して動かしはじめると、うまく回りだしました。

これがうまく回りだしたときに、NHKの全国放送『おはよう日本』[14]から取材の依頼がありました。ちょうど海老名のいわゆるTSUTAYA図書館がオープンしたときでした。その前に小牧市が大問題になって、市民運動で反対派が勝ってTSUTAYA図書館の計画は流れました。番組では、そういう経緯をレポートしながら、海老名市はオープンしましたが、賛否両論ありますよと。喜んでいる人もいて、行列ができていますが、委託費は三億三千万円になり、かえって高くなっていますねと。検索がわかりにくいとか、どこからが書店で、どこからが図書館かわからないと不満を寄せる人もいますと。これに対して、なぜかＮＨＫは、こういう民間に丸投げのほうに向かっている図書館もあれば、幕別町図書館のように直営で地道に地域づくりをやっている図書館もありますとぶつけてきたのですね。地元の書店から本を購入して、福祉施設で装備をやって、地域経済の小さな還流を起こしてますね、と。ＮＨＫはどっちがいいとはいわないです。向こうは三億三千万円みたいな話で、こっちは一冊五十円の攻防をしているわけで、比較されてもねえ。けど、最後にスタジオにカメラが戻ったときに、スタジオの会話は幕別町図書館をかなりたたえてくれて、全国からの反響がすごかったようです。

幕別町のミラータイムは小さな一軒家で、六、七人がちゃぶ台を囲んで、正座しながら装備作業をしていました。装備って一人が一冊仕上げるのってけっこう大変ですけども、完全な分業制にしたんですね。切る担当は切るだけ、合わせる人は合わせるだけ、貼る人はひたすら貼る。そうやって分業すると、ものすごく作業が速くなりました。ＮＨＫが撮影にきたときも、二十冊くらい用意していましたが、セッティングしていたカメラマンがＯＫですよ、本番いってくださいっていうと、もう終わりましたと。十五分くらいでしたか、二十冊くらいならできてしまうんですね。いまは図書館だけではなくて、学校の図書室も福祉施設で装備をまかなっています。

図書館の装備って、必ず仕事があって途切れないいんですね。それまで福祉施設にくる仕事は、なかなか継続しなくて不安定なんです。ときどきしか仕事がなかったり、季節的なものだったり。けれど、こうやって通年で必ず装備の仕事が継続するというのは、すごく助かることだということで、作業している人たちも自信がついてくる。親御さんの話を聞くと、図書館のような、公共の社会の役に立っているっていうことは、本人たちにとっても、ものすごくうれしいことだったらしく、日に日に変わっていったというんですね。いまは、広い部屋で、机に座って装備をやっています。しかも、装備作業を担当しているメンバーのなかに、エース級が二人いて、一から十まで全部工程をこなせましたが、この四月に民間の企業に就職できました。

装備は装備といってそれだけを切り出して、それがサービスでついてくるからと、東京の業者から本を買っている。地域の本屋がいまどんどんつぶれていますよね。そんななかで、幕別町図書館の資料購入費は、だいたい八百万ですから。そのうちの約二〇％っていうと百六十万ですか？　本来は町の本屋に入るはずだったお金が全部、東京の業者に吸い取られている。装備がタダだからっていうけれど、その装備を福祉施設に回すことによって、そうやって何人もの障がい者と呼ばれる人たちが生きがいをもって仕事をして、結果として一般の企業にも就職できた。いままで支援の対象だった人が、いまでは納税者ですからね。町の行政にとっては大きいですよ。これ、全体をみれば、すごい人材育成のインキュベーションシステムです。図書館としては二人がいなくなってすごく痛かったのは確かで、三カ月くらい装備が滞りました。でも、三カ月したら新しいメンバーが育ってきて、いままた完全に回っていると聞きます。

このように、それまでは全部お金で解決して、装備をタダでやってくれるからって、東京の業者から本を買っていましたが、いまは地元の本屋が、毎日のように図書館に来て、次の図書館まつりどうしようとか、いまはこんな本が売れていますよとかっていうのを司書たちと情報交換して、一生懸命、図書館づくりをやってくれています。こういうのが私は、一つのソーシャルイノベーションなのかなと思っています。小さな地域の経済循環を起こしながら、人材育成もできるという。

⑤無償のJAPAN/MARCを使わない日本の公共図書館

そういう事例を幕別町で進めていたところ、みなさんのお手元にも答申[15]を配りましたが、超党派による活字文化議員連盟の「全国書誌情報の利活用に関する勉強会」で実務者会議の委員に呼ばれました。これはMARC〔機械可読目録〕の問題についての答申書なんですね。この全国書誌情報というのは国立国会図書館が無償で出しているMARC〔JAPAN/MARC〕です。いま、国立国会図書館の全国書誌情報を全面的に使って、MARC費用をタダで運用している公共図書館はほとんどない。図書館によっては三百万円とか使って民間のMARCを利用している。幕別町でも百万円以上かかっていました。国が多大な予算をかけて、無償で提供しているMARCを使わずに、公共図書館が何百万円、何十万円という予算をかけて民間MARCを買っている。これは税金の二重取りじゃないですか。この超党派議員連盟の勉強会でもそういう話をしました。さらに、この答申書のなかで問題視しているのは、ある民間MARCの利用が決まると、いまの図書館は電算化されているので、選書、発注、納入、検品、管理まで、一気通貫で決まってしまうんですね。そこに地元の書店が入る余地がない。しかもここに装備の問題が絡んでいる。なので、この答申では、それを一回切り分けなさいと。それで一つ一つの問題を考えて、クリアにしていきなさい、というようなことが書いてあります。

この答申を受けて、勉強会の実務者会議から作業部会に移りまして、具体的な課題の解決方法を議論するなかで、ＪＰＯ〔日本出版インフラセンター〕が出している新刊情報、これは各出版社が出す情報なんですが、早いものでは出版の半年ぐらい前から情報が出てくると聞きますが、それを国立国会図書館から全国書誌情報と同じフォーマットで提出すればいいのではないかと。公共図書館がなぜ全国書誌情報を使わないのかというと、遅いからという理由なんですね。確かにそうだと思います。納本制度といいますか、出版社から納本されて、ＭＡＲＣをつくるわけですから。ひどい出版社になると、半年後にもってきたりすると聞きました。それでは遅すぎますよね。だったらその遅いという理由を外しましょうというので、ＪＰＯの新刊情報を公共図書館でも使えるようにしましょうということになった。「Amazon」が使っている情報がＪＰＯの情報ですよね。国立国会図書館もやりますよということで、おそらく来年の四月以降のどこかで、国立国会図書館から新刊情報を無償で落とせるようになります。しかも、JAPAN/MARC のフォーマットで取れるはずですから、それを公共図書館のシステムに落としておけば、予約も取り始めることができますよね。先行して発注もできるかもしれない。システムがＡＰＩ連携でつながっていれば、あとから詳細な JAPAN/MARC が仕上がってきたら、シームレスでそれを取り込んで、新刊情報と入れ替えることも可能です。作業部会では新刊情報をもとに選書をして書店への発注書まで作成することができるシステムを開発しました。ここまで用意したら、もう遅いからという理由で国立国会図書館の無償のＭＡＲＣを使わず、高い民間ＭＡＲＣを使う理由はないかなと思います。

⑥地域の読書環境は地元書店と図書館が手を組んで守る

このように装備の問題も、ＭＡＲＣの問題も、これまでのセオリーを一回外して考えて、ソーシャルイノベーションという視点で、「いまだけ、金だけ、図書館だけ」という閉じた考えは捨てて、地域を含めた仕組みを考え直したら、新しい展開が可能なのかなと思っています。先ほどの答申書ですが、もう一つお手元に配ったのは、この答申書に資料として付けられた「幕別町モデル」を説明した資料です[16]。図書館システムとＭＡＲＣを最適化して、本は地元書店から買って、装備は福祉施設と連携して、そこに地域の多様な人材を活用していくことによって、いままで当たり前のことだと思ってずるずるっとやっていたものを、もう一回ソーシャルイノベーション化する。そこで人が育つ、あるいはグルッと地域の小さな経済が回る。これによって地元の書店がなんとか生き残れる、まだ頑張れると。私は地域の読書環境は、地元書店と図書館が手を組まなければ守っていけないと思っています。図書館は図書館でそろえるべき本がありますから、図書館が駅前の書店に並ぶような売れ線の本ばっかり並べてどうするんだと。だから本屋大賞に必要以上に浮かれる図書館ってあんまり好きじゃなくて、それぐらいは本屋に任せなさいよって思うのですけど。図書館には、図書館法にあるように、教養を担保するという使命がありますから、そのために入れなければならない一般書や場合によっては専門書、あるいはレファレンスブックとか、いろいろあるはずですよね。限られた予算のなかで、どこの書店でも手に入るような流行本を入れるのは、ちょっと疑問なんですけど。本がいくらでも売れた時代ならともかく、いまは地元の本屋と図書館がちゃんと手を組んで、役割分担をして、地元の読書環境をどうやって守っていくんだ、そこでどうやって経済を生み出して、なによりも読書を楽しむ人材をどうやって育てていくんだと、本気で考えないといけないと思うんですね。それをこういう装備だの、ＭＡＲＣだの、目先の予算削減みたいな話でおざなりにしていると、どんどん地域の読書環境はやせ細っていくと思うんです。これこそソーシャルイノベーションの視点が大事な話だと思います。

⑦「まぶさの男」「まぶさの女」──多様な人材を巻き込むサポート組織づくり

「サポート組織づくり」は、どういうことやっているかっていうと、幕別町図書館ではウェブサイト[17]も同時に全面リニューアルしました。そのために図書館のロゴマークもつくってあげました。ウェブサイトのデザインは、幕別町には日本を代表するグラフィックデザイナーの田中一光さんの、残念ながら二〇〇二年に亡くなりましたが、おそらく唯一デザインした緞帳があったのですね。幕別町の百年記念ホールの緞帳ですが、十勝の風景をそのままデザイン化したすばらしい作品で、そのデザインを踏襲してウェブサイトのトップページにしました。

また、このウェブサイトには長谷館長にぜひやってほしいと頼まれて、蔵書管理システムと連動したバーチャル本棚[18]というシステムも実装しました。選書したリストからウェブ上で公開できる本棚表示を自動生成してくれるシステムです。幕別町図書館には、森村誠一さんとか福原義春さんが読み終わった本を送ってくれている「北の本箱」というコーナーがあるんです。いろいろ紆余曲折あった末に、文化人がみなさん置き場がなくて困っている本を送ってくれたんです。この本棚がすこぶるおもしろいんですけど、そのなかでも森村誠一さんと福原義春さんはいまだに送り続けてくれています。その本棚もバーチャル本棚でウェブ上に公開しています。こういうウェブサイトの運用に、人材育成をかませて、サポート組織づくりにつなげていこうと考えています。例えば、「あの人の本棚」というコーナーでは、ネギ農家のおやじが普段どんな本読んでるの？とか、図書館の裏に山本商店というユニークな雑貨屋さんがあるのですけど、そこのおやじは普段どんな本読んでるの？とか、消防士、看護師、魚屋のおやじとか、そういう人たちの本棚を、森村誠一さんとか福原義春さんとかと、まったく同じシステムで提供しています。

こうやって徐々に多様な人材を巻き込みながら、「まくべつBOOKサポーター」というのを育てています。略して「まぶさ」と呼んでいます。「まぶさの女」「まぶさの男」とかね。「Edit まくべつ――編集力養成講座[19]」ということで、毎月、私が北海道にいって、リアルな講座を五回やりました。その間に、ネット上でお題を出して、徹底的に添削します。その講座で編集力を身に付けた人たちが、「まぶさ」デビューするわけですね。新聞社の記者にも取材してもらって、記事にしてもらいます。本棚編集も教えます。NDCの分類が中心の棚では、破綻して崩れていくところなどを取り出して、文脈的な並びの棚を新しくおもしろくワクワクさせるように組んでみるというような講座もやっています。卒業すると修了証とともに「まぶさ認定証」が渡されます。「まぶさ」のなかでも、とくにこの編集力養成講座を修了した方は、LED〔Library Editor、図書館エディター〕としてデビューします。さっきの山本商店のおやじも、「まぶさLED」になりました。実はこのなかに、地元の新聞社の記者二人も入っています。このように養成講座をやりながら人材、編集力がある人を育てて図書館の運用に組み込んでいくわけです。

質問　どのようにして地域の人を巻き込んでサポーター育成を実現させたのでしょうか。

太田　幕別町で徹底してまずやったのは、地元メディアとの連携。あと、ウェブサイトをつくるプロセスに人を巻き込んでいく。情報発信するコンテンツをつくるプロセスに人を巻き込んでいくのがいちばん早い。そのために、図書館エディターを編集力養成講座という形で集め、「あなたの本棚をみせてください」とインタビューにいって、メディアをつくる過程に巻き込んでいくっていうやり方をとった。茂木町の場合は、もともとボランティア団体とか読み聞かせの団体がたくさんあったので、そのリーダーの人たちを最初集めたコアメンバーで「ふみの森もてぎ引っ越し大作戦実行委員会」をつくって引っ越し大作戦をやり、「ふみの森の仲間たちこだまの会」の会員になるという形を少しずつ作っていった。

⑧図書館をまちづくりの中心に——幕別町、茂木町、そして梼原町で

このように図書館サポーター組織を育てているところまできているのですが、幕別町図書館では、最終的にサポーターもできて、次の段階に入っています。新しい社会モデルをつくるような、予防医療とか医療負担の削減とか、自治体の抱える問題に図書館が積極的に関わっていこうということですね。「図書館を核とした活字と笑いで活気あるまちづくり事業」の一環で「知る・読む・笑

う」というのがあります[20]。これは、図書館にストレス測定器を置いて、利用者にストレスを測定してもらって、ストレスケア本を五百冊くらい用意しています。もしストレスの数値が高くて、真っ赤っかになっちゃった人は、医療系の本をちゃんとレファレンスします。黄色ぐらいの人は、猫の写真集とか、癒し系の本をすすめます。図書館の本は二週間後に返しにくるんで、そこでまた測定すれば、定期的に継続して測れるわけです。

実はもう一つ大事なのは、測定時のスタッフとの会話のなかに、例えば、青で全然ストレスなかったおばあちゃんが「そんなわけない」と「うちの嫁は……」ってしゃべりだすわけです。そのなかに、ものすごい多様な町の問題が含まれているんです。もしかしたら貧困の問題だったり、DVの問題だったり、いじめの問題があるかもしれない。そういうのを、幕別の司書たちがカウンターで察知して、行政の窓口につなげていくっていうことをやっています。これはストレスケアレファレンス研修の様子です。そういうストレス測定やストレスケアをやって、さらに落語会もやります。桂歌丸さんが会長〔当時〕の落語芸術協会と組んで。笑いがストレスケアにいちばんいいというのは論文がたくさん出てますから。ストレスに弱い臓器って腎臓なんですよね。腎臓の透析が必要な人を一人でも減らせれば、町の医療負担は年間で百万円単位で軽減できます。そうやって図書館で何かやることによって町の経済にもう一回還ってくる。これまで町のメインストリームから外れていた図書館を、まちづくりの中心にもってくるということで、こういうことをいろいろやっています。

茂木町の事例も同じような考え方で、茂木はもう町の本屋がなくなったので、日本一ともいわれる道の駅に本棚二つ分くらいの小さな本屋をつくって、その本屋から図書館に入れる本を買うようにしました。道の駅は第三セクターですから、いわば町営の本屋ですね。装備も社会福祉協議会の福祉施設と連携してやっています。いま、梼原という高知県の山のなかにある人口三千六百人の町で、隈研吾さんの建築設計の図書館をつくっています。ここでも私たちが、ソフト部分を全部コーディネートしているので、高知市内の書店と組んで、福祉での装備でやる予定です。海洋堂にジオラマをつくってもらったりもします。

質問　図書館で地域が変わるという考えを実践するアイデアがあればご教示ください。

太田　コミュニティづくりの三要素があって、「ツール」と「ルール」と「ロール」。編集工学で「ルル三条」っていうんです。思いがけないものがコミュニティづくりのツールになります。例えば幕別の例だと、ストレス測定器がツールになっています。ストレスがあった、なかった、で会話が始まって、趣味だとか、家庭事情がわかって、それを核にコミュニティにもっていくことはできます。あと有力なのは本棚だと思っています。とくに日本中の図書館、理科の本棚がなってないですから、地元の中学の理科の先生と組んでやってもいいと思うんです。次はどこにどういうルールを発生させるか。なるべく変なルールのほうがいいです。昔、ある仲が悪い省庁間（笑）の横断プロジェクトを仕切ったときに、電子会議室上ですごいルールつくりました。いちばん最後に必ず「うふふ」って入れなさい。「あなたのいってることはおかしいですよ！　うふふ」。ケンカにならないんです。あとはロール、役割分担です。これが最終的にはいちばん大事になります。ロールのモデルはいっぱいあります。「俺についてこい」みたいなロールもあるし、「料亭のおかみ」ロールとかもあります。ツールとルールとロールをつくれば、コミュニティっていうのは、おのずとできてくると思います。

⑨地域を主語にして考える――「とんち協」の活動

このように「図書館と地域をむすぶ協議会」はいろいろやっていますが、この名前ですね。「図書館と地域をむすぶ協議会」は長すぎて呼びにくいので、「図&地」協で「とんち協」って呼んでいます。実は、この「図」と「地」というのが大事なんです。code と mode です。情報には必ず「図」の情報、目にみえている情報と、「地」の情報、背景の見えない情報があります。ソーシャルイノベーションというのはこの図と地、code と mode の関係をひっくり返していくものかなと思っています。なので、図&地で「とんち」って、だいぶ気に入ってますので、どこかでみかけたら、ぜひ「とんち協」って呼んでくださいね。最初にいった「図書館で変わる!地域が変わる!」というのは、図書館で地域が変わるということなので、主客、主語と述語をひっくり返す、図書館を主語で語らない、必ず地域を主語にする。図書館を述語的に扱ったときに、どうなるか。自分のことは後回しにする、図書館のことを後回しにして、まず地域のことを考えたときに、何ができるのかというのを考えたらいいんじゃないのかなと思います。そのために「今だけ、金だけ、自分だけ」でいいんですか?ということを問いかけ続けたいと思います。

3　第三回：図書館とサステナビリティ――二〇一八年十一月二日開催

公共図書館が維持できなくなっていく

このテーマのとっかかりは、実は七、八年前の「近年なくなってしまうものは地域の図書館と地元のパブだ」といった、イギリスの友人の嘆きのような諦めのような言葉でした。

イギリスは、アメリカと並んで公共図書館が早くから発達した国です。法によって、公共図書館サービスは住民に提供されなければならないということになっていますので、閉館に際しては住民訴訟が起きることもしばしばです。それでも、公共図書館の数が激減しました。イギリス勅許公共財務会計協会によれば、二〇一八年現在の図書館の数は三千八百五十で、この十年間に、穏やかに見積もっても八百以上の図書館あるいはサービスポイントがなくなっています。[21]それとともに、図書館員の数も激減しています。そのせいばかりではないのですが、一年間に一回でも図書館を訪問した人たちの人口比は、以前五〇％くらいあったものがいまは三五％にまで下がってしまいました。人々が図書館というものから離れ始めています。

日本では、ご承知のように図書館に関しては後進国といわれている状態が続いていましたので、図書館の数はずっと右肩上がり、現在でもわずかながら右肩上がりなのです。しかし、これまで日本の図書館の整備状況は、イギリスの水準に一度もいたっていません。それに、ずっと上り調子だった図書館の状況ですが、資料費が一九九九年に下がりまして、二〇一二年から利用状況も下降しています。

イギリスや私たちの足元では、近年こんな動きが定着しつつあります。端的にいってしまえば、これまでのようには図書館が維持できなくなったのかもしれません。その主たる原因は、図書館予算のカットです。それは、これまでの図書館を維持してきた経済成長が、もはや先進国では見込めなくなったということを意味しています。

図書館をサステナビリティの観点で考える

このような時代の変化に対しては、なんらかの行動を私たちも起こしていかなければなりません。まず人々の技術や知識を更新するための支援、つまり生涯学習の推進が要請されています。図書館の第一の課題領域ですし、必要度が高いものです。また、新自由主義といいますか、個々人の活動を優先する風潮から壊れてしまったコミュニティの人々のつながりをつなぎ直していくというようなことも、近年、図書館の役割として挙げられるようになっています。ということで、図書館が果たすべき役割は幅広くなっているのですが、図書館がこの状況をどのように展開していくかを考えるために、今年〔二〇一八年〕はサステナビリティという切り口を取り上げました。公共図書館という社会的制度が維持できるのか、サステナブルな図書館は、どのようにサービスを運営すべきものなのかなどについて考えてみたいと思ったからです。

このサステナビリティという観点に関して、これまで図書館ではおもに環境志向といいますか、省エネルギーなどの問題を掲げていまして、経済的あるいは社会的面から、図書館そのもののサステナビリティを問題にしているケースは多くありません。しかし、先ほどから述べていますように図書館の存続が厳しい状況になってくると、そのもののサステナビリティは避けられない問題です。イギリスでは、この観点から図書館の状況を変えていこうという政策文書を、政府のエージェンシーが出しています。コストを削減したり、ほかのコミュニティサービスと統合したりして運営するなど、図書館を持続可能なものとして維持していこうという内容です。「サステナビリティとは、環境や経済、社会のバランスを考えて、世の中全体を持続可能な状態にするという考え方」ですから、本日は環境だけではなく、経済、社会という視点からも図書館について議論していただきたいと考えています。

提言3：エリア価値を高める図書館　岡崎正信[22]

①再開発すればするほどダメになる——土地の価値を落とす官のばらまき

図書館に興味がない人間がつくった図書館。けど、自分たちのまちが自立して生きていくためには、絶対的に必要なコンテンツでもあるというふうに思ってはいます。思ってはいるけれども、図書館の敷地のなかだけで、図書館を考えるって大変もったいないと思っています。なので、自分は図書館に興味はないけれども、図書館に興味をもってつくったら、いまのような結果になったのです。逆にいうと図書館がなかったら、私の仕事は成立していないといっても過言ではないと思います。

私がこれまで国の公務員としてやってきた仕事は、都市の再開発プロジェクトなどです。大学に入ると同時に岩手県の紫波町から東京に出てきまして、大学卒業と同時に公務員になって、ここから歩いて五分のところで働いていました。十七年ぶりに日比谷公園に来て、松本楼がきれいになっているなと思いました。

私がやってきた仕事って、再開発とか区画整理なのですが、これが再開発の典型的な形ですね。これ何タイプっていうかみなさんご存じですか。図書館の関係者はこうした話を聞かないと思うので、ぜひ覚えていってもらいたいのです。低層階に商業とか行政とかが入って、高層階にマンションとかホテルが入るのですけども、これ「墓石タイプ」っていいます。墓石みたいな形でしょ。将来はだいたいこういうものが墓標になります。これができることによって、地域がどうなるかっていうと、これは不動産そのものの問題じゃなくて、地域、周辺の土地の価値がガーンと下がります。ただ価値が下がるだけじゃなくて、ガーンと下がるとどうなるかっていうと、まちにとって大事な固定資産税が入ってきません。だいたいこういった再開発をやるのは、まちのど真ん中です。そもそも土地が高いところでやるのです、再開発って。安いところで再開発をやる必要はないのです。高いところで再開発をやって、それが墓標になって、ガーンと価値を落として、周辺の土地の価値も落とす。土地がいちばん高かったところでこういう間違った開発をやって、固定資産税が入ってこなくて、地方都市がいま疲弊している。

②十年間放ったらかしの公有地開発を町長から任された

そんな私に公有地開発を任せる首長が紫波町にいました。どんな土地かといいますと、だだっ広い空き地です。紫波町がいちばん金をもっているときに、駅前の土地は一等地だといって、二十八億五千万円で買っちゃった土地です。一般会計が百二十億円しかなかったのですよ、そのときに。駅前の土地は一等地だといって役人たちが買ってしまったのです。そして十年間放ったらかし。私が紫波町に帰ったときに、町民になんて呼ばれていたか。「日本一高い雪捨て場」って呼ばれていたのです。日本一高い雪捨て場をなんとかしてくれと町長にいわれました。

自分の小さな建設会社が元気になるためには、まちに元気になってもらわなければならない。だから私は自分の建設会社の取締役をやめて、紫波町がつくってくれた第三セクターの取締役になって、この開発をほぼ一人で企画して、そしてどんどん仲間を増やしてやってきました。

こんな土地です〔スライド：公有地で撮影した画像。荒れた土地。地面に三人の人影〕。草ぼうぼう。これ、当時の町長、当時の副町長、私。「岡崎君、なんとかしてくれ」っていわれた瞬間です。これ、雪解け水。まあなんともならないですよね。普通に考えたら。金がないのです。金があったらなんとかしますよ、紫波町が。金がない。金がないなか、なんとかしてくれって、町長。ここが偉いのです、うちの町長。いいですか、建設会社のせがれに、なんとかしてくれって頼めるのです、うちの町長。普通頼みませんよ、建設会社のせがれに、なんとかしてくれって。それがすごいなって思います、この町長。まあ私よりも背が高くて、御年八十歳ですかね。まあ気合の入った、もう怒ると顔を真っ赤にしてすごく怒る町長です。

これでどうなったかって、十年後こうなりました〔スライド：オガールエリアの建物の画像〕。二〇一八年建築学会賞をいただきました。建築学会賞っていうのは、建築界で最高の名誉ある賞です。この風景をつくったのです。ここが図書館。百五十八メートルの建物の真ん中にあるのが図書館。大事なのは広場なのですよ。広場がないとうちの図書館は図書館として機能しない。そのあたりを今日、話したいと思います。

質問　サステナビリティを担保するためには、地域的なビジョンが欠かせないと考えています。ビジョンをつくること、ビジョンをもつことについての考えをお聞かせください。

岡崎　私のなかのビジョンは、はっきりしています。この地域がどうやってメシを食っていくかしか考えません。だから図書館に農業を。紫波町というのは農業のまちですよ。食料自給率一七〇%あるのですけれども、特産品は一つもないというのが強みなのです。だから産直をやったら、いろんな多品種多品目が並ぶのです。だからお客さんが喜ぶのです。要は、紫波町は図書館が元気になるのではないのです。図書館が元気になればメシが食っていけるとは思っていません。農業が元気にならないとメシを食っていけないから、なんのために図書館をつくるのかっていったら、農業を営む人が幸せになるような図書館をつくらなきゃならない。それが私にとってのビジョンなので、当然ビジョンは必要だと思います。

---

③図書館に興味がない人がくる図書館をつくる

図書館はなんのために存在しているのか。図書館はお金がかかるだけなのか。地方創生とは何をもって地方が創生したということになるのか。人口が減るという局面に何をなすべきか。

地方創生、地方創生って、だいたい参議院議員選挙のときにみんな騒ぐのです、先生方は。地方に金をばらまく根拠がほしいから。それに、明確に答えられる人っていないでしょ。地方創生って何をもって創生したっていうのですか。人口を増やせっていう人がいるのです。地方創生で人口が増えるような自治体の総合計画をつくっている人、そこに住んでいる市民のみなさんは、早くその自治体、捨てていなくなったほうがいいですよ。増えません。どうあがいたって増えません、人口は。よっぽど海外からの移民政策を実施すればあるかもしれませんが、日本人が増えることはまずない。一九九〇年の国勢調査から減っているのです。こんなの官僚はみんな知っています。九〇年の国勢調査から人口が減って、それで九二年に地方拠点都市法という法律ができました。同じことやっているのですよ。毎回、毎回、三十年間。いっこうに増えない。

人口が増えないことは、べつに問題でもなくて、これは事象です。大事なことは何か。それは金が増えないってことです。だから先ほど永田さんがおっしゃったとおり、図書館がなんでなくなるか。金がなくなるからですよ。金がなくなるのです。図書館に興味があるみなさんは、図書館をつぶすなっておっしゃるかもしれませんけど、図書館に興味がない人が大半です。その人たちは図書館なんてなくたって、どうでもいいのです。だから町長に、「お前、図書館に興味あるか」っていわれたときに、「まったくありません」って答えたのです。そしたら町長が、「岡崎君、図書館つくってくれ」っていってきたのです。「え？　いいんですか？、僕で」と聞いたら、「俺も興味がないんだよ」って。興味がない人がつくったほうが、興味がない人がくる図書館をつくってくれるのではないかと思うから、って。これ、けっこう真理なのです。なので、そういったことを考えていろいろ仕事しました。

④パブリックマインドがある民間がプロジェクトを起こす

それと「公」という言葉があります。公共図書館といいますよね。「公」って誰ですか。主体者は?、主人公は? こういうと日本人は、まあだいたいのところ行政職員だっていいますよ。これ英語でいうとなんていうか。「パブリック」といいます。イギリスにいったことがある人、よくわかると思います。パブって飲み屋がありますよね。あれ、役所がやっているのですか? ゴルフ場でパブリックコースってありますよね。あれ、役所がやっているのですか? どちらも、民間企業がやっています。パブリックというのは、分け隔てなく、どんな身分の人も参加ができるという意味です。なので、ゴルフのパブリックコースがプライベートコースと違うのは、誰でもできるコースということです。全英オープンが開催されるセント・アンドリュースでさえ、パブリックコースです。誰でもできるのですよ、あのコース。パブという飲み屋、ほとんどの人が入れますよ。お金をもっていたら、誰だって入れるのです。

つまり、公の主体者っていうのは、官だけじゃないのです。民だって公の主体者になれるのです。つまり、私がやっていることは、自信をもって公共事業だといっています。自信をもって。なので、べつに役所の人間じゃないから公共ができないと思ったら大間違い。ここに私は地方創生の可能性があると思っているのです。明らかにこの日本は、公を官の人たちに任せすぎました。けれども、この公を民の人たちが担う時代がこれからやってきたら、私は日本ってもっとよくなると思います。

江戸時代、江戸には何万人いたと思います?、人口。六十万人ですよ。当時、世界最多でした。六十万人で、地方公務員と呼ばれる人は何人いたか。たった二百人です。いま六十万人のまちがあったら、だいたい五千人から六千人が必要ですよ、その自治体の職員は。多くの公共事業は民間で担っていた。寺子屋、火消し、消防だって学校だって民間で担っていた。けれどいまはずーっとみんな官のほうに。民の人たちも、公共は官がやるのだ、俺は税金を払っているのだから、ちゃんとやれよって。こういう発想がはびこっている間は、この国はよくはならないと思います。

なので、従来とは違う公民連携のまちづくり。従来とは違う。第三セクターだって立派な公民連携ですよ。従来とは違うのは、パブリックマインドがある民間が、主導的にプロジェクトを起こすのです。民間主導です。行政がこれを支援しておこなう、「民間主導の公民連携」が基本。

紫波の町長は私になんとかしろといいました。自分たちが金がないからなんとかできないか、ということです。なんとかしろということは、民間が主導していいのですね。民間が主導して行政が支援する形態で参加してくださいとはっきり申し上げました。

そして遊休化している不動産資源と潜在化している地域資源を組み合わせて、経済性が高い事業を起こし、経済循環を活性化させるのです。補助金にできるかぎり頼らないで。補助金をばらまいていた人間がいうのです。

これによって、複数の都市、地域の経営課題を同時に解決するのです。民間が主導するプロジェクトで、公共の課題をたくさん解決することが大事なのです。公共の、社会の課題を解決するのは、もはや役所だけではダメなのです。民間の人たちが変えていかなきゃならない。それをビジネスにしていくのです。

真の公民連携を目指しましょう。民間がパブリックマインドをもちましょう。知恵を発揮して、まちづくり事業をおこない、収益を上げる。そしてまちに再投資する。私はまちづくりに参加なんかできない、時間もない、大いに結構。「税金を納めてください」。立派なパブリックマインドです。公共はパブリックマインドをもつ民間の動きを支援して、公共でなければできない役割をスピーディーにフレキシブルにしっかり果たす。産官学市民が境目なくつながり手に手を携えて、継続するまちを作り出していきましょう。いうのは簡単ですけれども、けれどもこういった、理念がないと動きは生まれない。

パブリックマインドをもたなきゃいけないです、民間は。それをビジネスにしていってください。そして、パブリックマインドをもった民間を、公共はしっかり支援してください。逆に公共はプライベートマインドをもってください。プライベートマインドって何か。お金と柔軟性、スピード、これをもっているのです。行政がもっていなかったものです。もしかしたら図書館のみなさん方、経営が難しいといっているかもしれない。もしかしたら、お金に対する価値観、時間に対する価値観、柔軟性、この三つを変えたら、変化するかもしれませんよ。

⑤オガールエリアは五年連続地価上昇中——図書館はパブリックで自由な集客装置

私はこの日比谷図書館に初めて入りました。なんせ図書館にあまり興味がないから。そしてここの会場に来てこの席に座った。いちばんに何が目についたか。「飲食厳禁」。なんで飲食しちゃだめなの？って思いません⁉　なのに、図書館の人たち、それも当たり前だっていうのですよ。図書館に興味がない人は、なんで？って思うのです。

うちの図書館は飲食自由。ＢＧＭががんがん流れている。ときにはお酒もＯＫ。ときにはお泊まりもＯＫ。自由なのです。本当のパブリックなのです。

不動産の価値を上げる手順。さっきいった、雪捨て場だった土地をどうやって再生していくか。やればやるほど、不動産の価値が上昇する。人口が減っている局面で不動産の価値を上げる。そのための手順は、この左から［スライド：「不動産価値を上げる手順」四つの手順が左から順に並んでいる］。四つの階層がありますけど、やることはこれだけです。「消費活動を目的としない訪問者を増やすこと」なんです。消費活動でまちの中心を再生しようというのが、「中心市街地活性化法」。いままでは「中心市街地活性化しない法」といっていますけど。消費活動を目的としない訪問者を増やすこと。いってみれば図書館です。図書館ってものすごい集客力なのです。けれども、敷地主義の図書館が多すぎて、その敷地だけで物事を考えるのです。図書館の来館者数って、ただそれだけ。

けれども、民間人にしてみればどうか。実は図書館ってね、すごいのですよ。こわいですよ。人が来れば来るほど金がかかるのです。いわゆる官製の公共事業でやっているから。人が来れば来るほど金がかかるのです。電気代だって水道光熱費だってかかる。人件費だってかかる。けれど民間事業だったらどうです？　人が来れば来るほどっていうコンテンツは、もうかるのです。だから、図書館という集客装置をもって、図書館のなかで商売しないかって声かけました。人が集まればおのずとカフェ、居酒屋、ギャラリー、ショップなどの付帯サービス産業が発展します。さらに付帯サービスを提供したい人が集まる。つまり、図書館というコンテンツのなかで、商売したい人いませんかって手を挙げさせたら、四十社の人が手を挙げたのです。十年間放ったらかしの土地に。来ました。カフェも居酒屋も、学習塾も、病院も。九つのテナントを入れました。そうするとどうなるか。訪問者が増え、付帯サービスが始まれば、エリアに活気が生まれてきます。そうするとさらに人が集まってきます。さらなる付帯サービスが生まれ、最終的には不動産価値が上がって、固定資産税が上がります。結論からいいますと、紫波町のオガールエリアは五年連続地価が上昇中です。つまり、紫波町の人口は減っていますけれども、税収は上がっています。起爆剤は何か。ここに図書館があったからです。図書館があったからこそ、不動産の価値が上昇する流れに乗っていった。

逆算からの積み上げ。従来の墓石タイプの再開発というのは、容積率で計画します。つまり、めいっぱいデカいのをつくりましょうという計画なのです。つくれるだけつくれ。そして設計が始まります。補助金が入るなら立派なものをつくれ。華美な設計をやる。そして建設。こんなに立派なものをつくるのだから、テナントが勝手に入ってくる、大丈夫だって。それでテナントに提示したら、全然入らない。竣工して空き室の発生が顕在化するっていうのが、従来の再開発です。

自分のまちでそんなことできないな、金もないし、補助金もないし。新再開発です、私がやろうとしたのは。市場調査、家賃相場の確認をして、入りたいという人たちだけの容積を決めて、ハコをつくります。ですから設計施工の時点で、設計が始まる前から、もう入居率一〇〇%を達成しているのです。それで、ファイナンスから工事価格を設定して、竣工。最初から入居率が一〇〇%なので、できあがったときにも入居率は一〇〇％のまま。こういったプロジェクトについては、銀行はいくらでも金を出します。そうやって資金調達をするのです。

⑥ライバルがいない分野でとがる――ピンホールマーケティング手法

そして、「ピンホールマーケティング」という考え方があります。小さい丸と大きな丸〔スライド：「ピンホールマーケティングという考え方」緑色の小さい丸と、赤色の大きな丸の画像〕、これをマーケットの大きさと思ってください。スポーツでいうと、いま日本でいちばんマーケットが大きなスポーツは野球ですね。私がずっとやってきたスポーツは、バレーボールです。バレーボール一に対して、野球は八倍のマーケットがあります。どっちで商売をしますかって。小泉進次郎さんに話をしたときに、私はバレーをやっていて、進次郎さんは野球をやっていた。「野球とバレーボールではこれくらいマーケットが違うのです。進次郎さんどっちで商売をする？」って聞いたのです。進次郎さんは「こっち〔大きい丸＝野球〕で当然やるよ」って。そうですよね、みんな進次郎さんと同じ考え方です。だから日本全国に六千を超える野球場があるのです。でも、バレーボール専用体育館はないのですよ、一つも。六千かける八分の一あるかなと思ったら、一つもないのです。

だから私はこういったマーケットの評価をしません。真上から見たらこうだけど、真横から見たらこんな形してます。真上から見たらこれ〔小さい丸を示す〕。真横から見たらとがってる〔細長くとがった三角形を示す〕、誰もやってないから。上から見たらすごく大きいけど〔大きい丸を示す〕、真横から見たらこれ〔ほぼ平らな二等辺三角形を示す〕。六千分の一だと埋没するでしょ。既存マーケットでは、弱者は埋没するのです。ライバルがいない分野にとがることが、ピンホールマーケティングといった、私たちが名付けたマーケット手法です。アメリカのマーケティング論のフィリップ・コトラーもこの言葉を聞いて感動したそうです。進次郎さんからあとでいわれました。

こういう考え方をしないと、これから人口が減っていくなかでは、どんどん沈みます。ほかと同じことをやっていたら。つまり図書館も、とがらないといけないのです。とがらないと人はどんどん減っていくと思います。

⑦図書館で解決する地域経営課題——オガールプラザが目指す財政の健全化

それでつくったのがオガールプラザ。百五十八メートルの建物、床面積五千八百平方メートル。そして、私たちが図書館で解決する地域経営課題は何か。民間が企画した図書館で何を解決するか。図書館で解決すること。エリアの不動産価値を上げ、財政の健全化を目指すのです、図書館によって。農業を営む人と金を増やします、図書館によってですよ。図書館によって、町内の雇用を創出しつづけます。図書館をつくることによって雇用を創出しつづけます。図書館をつくることによって、子育て産業を興し、魅力があるまちなかをつくります。図書館をつくることによって、新しいライフスタイルをつくって移住者を増やします。これが、私たち民間が掲げた図書館をつくる意義なのです。本が何冊借りられたとか、どうでもいいのです。図書館をつくることによって、これくらいのエリア価値を高めていきましょうというのが、私たち民間が考えた、図書館のあり方なのです。

そしてこれがストラクチャーです〔スライド：「稼ぐインフラ　オガールプラザ」〕。ストラクチャーというのは、矢印が全部お金の流れです。オガールプラザという会社をつくりました。私がいま社長です。そこにＭＩＮＴＯ機構〔民間都市開発推進機構〕という政府系の金融機関が出資しています。補助金じゃないですよ、投資です。国が国民の税金を投資してくれました。そして、紫波町も投資してくれました。そして足りない部分を銀行から融資で借りました。そして資金調達をして、この矢印全部のお金の流れをつくりました。

この土地、町民の財産を借りています。当然民間の企業ですから、紫波町に対して地代の固定資産税を払います。そして紫波町が何をしたか。私たちが安く賢くつくった図書館を、できた瞬間に買い取りました。紫波町は最初、十億円で買い取るといってきました。十億円で買い取るっていってきたのを、十億円で売ったら私たちの名がすたります。十億円で買い取るっていってきたとき、私たちは七億四千万円で売りました。二億六千万円のディスカウント。そして、図書館は直営で経営しています。けれど売らなかった部分、つまりテナントが入っている部分は、このオガールプラザが経営しています。

⑧稼ぐインフラ――紫波町図書館はあふれるホスピタリティで産直もライブフェスもやる

そうすると、紫波町の図書館を経営している人たちは気づくわけです。町民に対して私たちが一生懸命サービスをすると、町民がたくさん使ってくれる。使ってくれるとどうなるか。テナントを利用してくれる。テナントを利用してくれるとどうなるか。テナントからちゃんと家賃とテナント料が入ってくる。そうすると、オガールプラザは入ってきた家賃とテナント料から、借りた銀行に対して返済をしてくれます。この流れなのです。

つまり、紫波町が買い取った図書館を運営している、直営の司書たちが、必死でいろんなことをやっているのです。いろんなことをやっているからこそ、テナントに人が来てテナント料が入るのです。あの人たちが頑張れば頑張るほど、地代と固定資産税がどんどん入ってくるのです。これがNHK『クローズアップ現代[23]』で紹介されました。日本で初めてできた稼ぐインフラ。

そして、オープンして五年目でMINTO機構は国民に配当金を出しました。紫波町の図書館は、国民に配当金を出しているのです。補助金をもらうどころか、国民に配当金を出している。

図書館のエントランス。毎週土・日になるとここでマーケットをやっているのです。図書館が民間にこの床を貸し出して、収益を上げているのです。図書館自らが貸します。図書館で高校生たちがライブをします。こういったフロアがあるのです、百五十人入る。毎週のようにライブです。飲食自由です、地元の高校生ですね。紫波総合高校ってまあ歴史がある高校なのです。どちらかというと、やんちゃな子たちが集まる高校なのです。こんなにまで活動的だったのかってね。もうやってよかったたって思う瞬間です。

産直の施設をつくりました。図書館のなかに。年商六億五千万円。いま岩手県でナンバー2。農水省の補助金は一円ももらっていません。金がないから壁紙も張れず、私たちが自分で塗りました。ミッツ・マングローブのお父さん、徳光次郎さんを呼んで、あの人は伊勢丹のスーパーバイザーだった人です、産直のつくり方を教わった。そしたら、何を思ったか徳光さんは、「おい、伊勢丹のデパ地下と同じルールでつくれ」っていいました。どんなルールでつくったか教えられませんけども、金がないなかで、その考え方だけは浸透させました。柱がないでしょ。そういうことです。そういうディテールにこだわるのです。図書館が雇用をつくるのです。図書館とくっついたことによって、年商六億五千万円を上げて雇用二十五人です。

八月のビアフェスト。図書館の目の前で、こうやってがんがんライブフェスやるのです。図書館の前で結婚式もやります。この一週間後に何が起きたかって。プロレスが起きました。自由なのです。

うちのエースの司書、手塚美希。何をやっているかっていうと、リーダーになって、朝開館する十分前から発声練習です。「いらっしゃいませ」「ありがとうございます」。おおよそどこの図書館よりも、うちの図書館はホスピタリティにあふれています。Library of the Year もいただきました、北日本で初めて。蔵書数たったの九万冊ですよ、たったの九万冊。けど貸出冊数は二十五万冊。

私はこうやって講演する、本を書く、本を売る。印税は全部図書館に寄付します。出版社に「俺の財布に入ると税金がかかっちゃうから、そのまま図書館に直でいく契約にしてくれ」っていいました。だから私は本が売れても一円も入ってきません。

図書館に居酒屋があるのです。二十坪〔約六十六平方メートル〕。家賃月十二万円。月の売り上げ平均五百五十万円。超もうかっています。こういったところのビール一杯から、何十円かが全部図書館に回るのです。

これ〔スライド：紫波町図書館のある日の様子を映した動画とBGMが流れる〕。図書館の一日だと思ってください。土曜日の午前中。こういった広場のあずまやは、占有したい場合はお金を取っています。一時間たしか二、三百円くらい。これも図書館が企画した工作展。土曜日の朝からこうやってマーケットが開かれる。これ音楽スタジオ。図書館のなかに入っていまして、小さなスタジオなんですけども、いま七百バンドが登録しています。これも図書館のなかのアトリエスタジオ。ここはITサポートセンター。これはボランティア団体がやっている「おはなしピクニック」っていうイベントで、これも図書館のなかでやっています。さっき高校生がライブしていた場所。稼働率は日数ベースでいうとほぼ一〇〇%です。これが土曜日の半日で起きたことです。オガールプラザを中心としたビデオなのですけど、これが民間がつくった公共事業です。こういったことを、民間企業が地域のことを考えてやっていく。

質問　稼ぐ図書館が具体的にどのようなことをしているか教えてください。

岡崎　稼ぐ図書館というより、私のイメージからすると稼がせる図書館員というほうで、なにをするかというと単純です。まず返事とあいさつしっかりしてください。図書館をつくるときに私、いろんな図書館にいったのですけれども、返事もしないしあいさつもしないし、この人たち客商売しているのかなって非常に違和感があった。せっかく民間がいろんなことを一生懸命やったって、図書館のイメージ、たった一つの返事、あいさつしなかっただけで、もうエリアの価値感下がるのです。税収が下がる。とにかく返事とあいさつはしっかりやろう。で、図書館員がオープン十分前に全員が一列に並んで、発声練習をちゃんとやっている。

稼がせるというか稼ぐ図書館員、べつに特別なことはしなくていいです。レファレンス能力は高けりゃそりゃいいけども、やっぱり返事とあいさつをしっかりするというのが、すごく大事だなということをいま思っています。

⑨世界標準の断熱バレーボール専用体育館には全日本チームも海外チームもやってくる

バレーボール専用体育館を民間の資金九二％でつくりました。体育館を民間の資金でつくっちゃった。フランスの床材メーカーのジェルフロアの役員に、「世界中探しても、自分で借金して体育館をつくって、うちの商品を入れたのはお前しかいない」っていわれました。

これやるっていったときに地域からなんていわれたかっていうと、あいつ本当おかしくなったぞって。なんでおかしくなったっていわれるかっていうと、借金がだいたい七億円くらいあるのです。毎月四百万円返しています。一回も滞っていません。今年たぶん経常で四千万円くらい黒字化します。民間の資金です。逆に公共に税金と固定資産税と土地代払っていますからね。年間一千万円。その一千万円も全部、図書館の運営経費になります。

きのう知らない人から電話がありまして、誰かなと思ったら「日本バレーボール協会強化委員長の寺廻〔太〕です」って。「寺廻さん!?」、「来年の三月、ナショナルトレーニングセンターが取れなくて。全日本女子の合宿受け入れてくれ。十日間」、「はい、喜んで請け負います」。以上、電話一分くらいで終わる。ややこしいことといわない。

壁紙張りません。正確な言葉でいうと張れませんでした、金がなくて。けど壁紙が張れないからって、バレーボールやる人から文句をいわれることはないです。大事なのはこの床材です。二〇二二年まで、東京オリンピックもこの床材でやります。フランス製の床材しか使えないです。これを世界大会と同じ基準、オリンピックカラーのものを、フランスのジェルフロアは入れさせてくれました。なかなか入れさせてくれないのです。ナショナルトレーニングセンターでさえ、このオレンジ色は入れさせませんでした。だけど、私が情熱的にいったら、ジェルフロアの担当も「よし、じゃあオリンピックカラー入れるわ」って入れさせてくれました。子どもたち大喜びですよ。

正月、春の大会前には下北沢成徳高校がここで合宿。東京からわざわざ岩手に来て合宿。なぜか。あったかいから。断熱ばっちりしています。学校の体育館が、クーラーがなくて大変だっていうでしょ。クーラーを入れたってダメですよ。ざるに水流すようなものですからね。やるべきことは断熱なのです。断熱をやってから、クーラーを入れる。屋根に四十センチ入っています。壁に二十センチ。真夏、外は三五度になります、岩手でも。三五度になっても、なかはだいたい二三度くらい。冷房なしで。冬もマイナス一〇度くらいいっても、プラス一〇度を下回ることはない。これ、誰につくらせたかというと、小学校、中学校のときに体育が大嫌いだったっていう建築家につくらせました。ここが大事なのです。

去年、全日本男子が極秘で来ました。極秘で来るのです。だって世界と同じ、世界標準の床で合宿できるのはここしかないから。さっきいったように、これがピンホールマーケティングです。私が営業もします。当然、日本バレーボール協会に。営業もしますが、これ突発で決まりました。二カ月前くらいに電話かかってきて。日本バレーボール協会の強化委員長から。先日の世界バレーボール大会カナダ代表。ついに地球の裏側からもみえました。

質問　オープンしたときは、きれいな施設だし利用が多いのが普通だと思います。数年たって利用がいまひとつの状況になった場合はどうされますか?

岡崎　この発想はたぶんね、行政の方。それはなぜかと、自分の金でつくってないから、つくったときが新しい、そこがピークだっていうのです。借金したら金を返さなきゃいけないので す。金返さなきゃいけないってことは、常に新しくしていないといけないのです。常に新しいコンテンツ入れないといけないのです。常に新しいことを考えなきゃならない。常に変化しなきゃいけない。だから、誰も完成したなんていいません、オガールでは。借金返済したらどうするか。また借金するのです。借金して設備を直すんです。常にリニューアルするという、そのそろばんとともにあるのです。

借金して子どもをつくりましたから、その借金を返してもらうのです、子どもに立派に育ってもらって。だから、ちゃんと育てるのです。

⑩頑張らない子育て支援と断熱集合住宅でのコミュニティづくり

去年〔二〇一七年〕、完成したオガールセンターです。オガールプラザと同じ出資構成で、国も出資しました。子育て支援をメインにしました。だいたいまちづくりっていうと、うちのまちは子育て支援頑張っているというのです。これ逆にいうと、子育て支援、頑張ってないまちないから。誰でも頑張っていることを頑張っていますって、あんまりいわないほうがいいです。紫波町は絶対子育て支援頑張っていますっていうのはやめよう、最初のうちは、といっていました。だってまず住んでもらわなければ子育て支援もへったくれもないからなのです。住んでもらうってためのコンテンツとして、先に図書館をつくったのです。

そしていよいよ最終章、子育て支援をやりましょう。何をやったかといったら、これです。民間の保育園百五十二人の定員に、小児科クリニックと病児保育をくっつけた。つまり、うちの保育所は、インフルエンザかもしれないってなったら、親に電話しますけども、「隣の小児科に預けていいですか?」となる。「お願いします」っていうと、自動的に小児科に預けられる。そして小児科で診察して「〇〇ちゃん、インフルエンザ」ってなったら病児保育に送られる。そうすると、病児保育に自動的に送られた子どもたちに、紫波町が補助金を出すのです。病児保育の利用料として。これが、私たちが考えた働き方改革なのです。だから住みたいわけです。紫波町に住まないとその補助金が使えませんから。すべては紫波町の財政を潤わせるためです。

二〇一七年。オガールプラザをつくって、オガールベースをつくって。紫波町役場も民間資金活用〔PFI：Private Finance Initiative〕、二十二億円銀行の金を借りてつくりました。で、オガールセンターをつくりました。平均賃料が六千円から始まって七千円になって、七千五百円になっているのです。そしてここへ入りたいって人たちがいま行列をなしています。なぜかっていったら、容積率をみてください。最初一〇三%、次八九%、その次六九%。単価を上げて、供給する床を抑えているのです。つまりこれからは、量を供給するのではなくて質を高めて、その質を供給しなければばいけない時代になりました。

これは今年完成した集合住宅。私の仕事でいちばんのネックは働く人の確保なのです。だからこれは集合住宅なのですけども、オガールネストという、うちの社宅ですね。社宅も日本最高水準の断熱性能です。五世帯入っているのですけどもオール電化で、真夏、電気代は平均で四千五百円です。なぜかというと、紫波町のエネルギーロスは年間三十億円です。エネルギーロス。三万三千人の町で、三十億円のキャッシュアウト。その半分が室内で使われるエネルギーです。その室内で使われるエネルギーを半分に圧縮したら、単純計算で七、八億円このまちに残るのです。だからエネルギー政策もすごく大事なのです。これは社宅なので、これが一般的な部屋五十平方メートルなのですけども、これが共有のリビングルームで、業務用の大型洗濯機と業務用の大型冷蔵庫を置いて、ここで毎週のように社員たちが集まってパーティーをする。こういったコミュニティをつくっているのです。

⑪図書館を再生しようと思ったらまちを再生する

こういったことが『町の未来をこの手でつくる』[24]という本に書いてありますし、『民間主導・行政支援の公民連携の教科書』[25]という本を書きました。興味がある方はぜひ買っていただければと思います。もっとテクニカルなことが書いてあります。私がアメリカで何を学んできたかということが書いてあります。

最後、いいたいことは何かといったら、図書館の敷地だけで図書館を再生しようと思ったら、大間違い。できません。図書館を再生しようと思ったらまちを再生してください。周りを再生してはじめて図書館が再生されると思ってください。だから、図書館がちょっと傾いてきたなと思ったら、図書館から一歩外に出ればいいのですよ。一歩外に出て、ちょっと活動すればいいのです。図書館の周りのゴミ拾いしてみてください。みんな応援してくれますよ。図書館の周りの雑草を引っこ抜いてみてください。みんな応援してくれます。図書館でちょっといたずらした子にやさしく声をかけてあげてください。みんな喜んでまた来ます。ただ、それだけだと思います。

注

(1) 二〇一六年四月五日設立。代表取締役所長・永田治樹。事業内容は、図書館に関わる調査研究と成果の発信や図書館に関わるコンサルティングなど。コミュニティ拠点としての図書館のあり方について、本来の役割を大切にしながら、社会の変化をとらえた新しい価値も視野に入れ、調査・研究をしている。

(2) カーリル代表取締役。一九八二年、岐阜県生まれ。慶應義塾大学環境情報学部卒業。小学校三年生のときに両親からパソコンを譲り受け、プログラミングを独学で習得した。二〇一〇年、図書館の蔵書を統合的に検索できるウェブサービス「カーリル」の立ち上げで全国の図書館から所蔵情報を集約するスクレイピングエンジンの開発を担当。一二年、そのサービスを運営する会社としてカーリルが設立され代表取締役に就任。

(3) 武田健太郎「「使えない図書館蔵書検索システム駆逐します」――中津川発のベンチャー、カーリルが〝宣戦布告〟」「日系ビジネスオンライン」二〇一六年十月三日（https://business.nikkei.com/atcl/report/15/278209/093000074/）［二〇二一年九月十二日アクセス］

（4）ＡＰＩはサービス提供者がソフトウエアやデータを外部のアプリケーション・プログラムからも利用できるようにすること。カーリルＡＰＩは、全国の図書館のリアルタイム蔵書検索機能や全国の図書館の名称・住所・経緯度情報などのデータベースへのアクセスを提供している。

（5）元少年Ａ『絶歌――神戸連続児童殺傷事件』太田出版、二〇一五年

（6）又吉直樹『火花』文藝春秋、二〇一五年

（7）吉本龍司「exp. 絶歌の所蔵数推移」「Slides」（http://slides.com/ryuuji_y/mirai#/0/23）［二〇二一年九月十二日アクセス］

（8）「いろどり」（http://www.irodori.co.jp/）［二〇二一年九月十二日アクセス］

（9）「図書館と地域をむすぶ協議会」チーフディレクター、慶應義塾大学講師。一九六五年、茨城県潮来市出身。明治大学農学部卒業。高校の理科教師を経て九〇年から編集工学研究所に入社。二〇一二年に編集工学機動隊ＧＥＡＲを設立。一五年に「図書館と地域をむすぶ協議会」を設立し、幕別町（北海道）、茂木町（栃木県）、梼原町（高知県）、那智勝浦町（和歌山県）、荒川区（東京都）ほか、ソーシャルイノベーションの核としての図書館づくりをコーディネートしている。

（10）「「綴」通信」第二号、図書館と地域をむすぶ協議会、二〇一六年

（11）「図書館を街づくりの核に　四百九十七自治体、交流や就業支援の場」「日本経済新聞」二〇一七年一月十日付（https://www.nikkei.com/article/DGXLASDG09H3Y_Q7A110C1CR0000/）［二〇二一年九月十二日アクセス］

（12）「特集　図書館の〝自由〟が地域を拓く」（「「綴」通信」第三号、図書館と地域をむすぶ協議会、二

〇一七年)、「特集 図書館を育む信頼のつながり」(「「綴」通信」第四号、図書館と地域をむすぶ協議会、二〇一八年)、「特集 図書館と地域のレジリエンス」(「「綴」通信」第五号、図書館と地域をむすぶ協議会、二〇一九年)

(13)「PPC就労継続支援B型事業」「ミラータイム」(https://millertime.web.fc2.com/ppc.html)[二〇二一年九月十二日アクセス]

(14)「特集 どうあるべき? 公共図書館」『おはよう日本』二〇一六年二月一日放送、NHK

(15)全国書誌情報の利活用に関する勉強会「これからの全国書誌情報のあり方について――いつでも、どこでも、だれでも使える(答申)」、二〇一六年(http://www.jpo.or.jp/topics/data/20160615a_jpoinfo.pdf)[二〇二一年九月十二日アクセス]

(16)「全国書誌情報の利活用に関する勉強会」は、二〇一六年四月にこの資料をまとめたあと、さらに議論を深めるために「公共図書館プロジェクト」(太田剛事務局長)を設立し、一九年六月に、さらに踏み込んだ答申「公共図書館の将来――「新しい公共」の実現をめざす」をまとめあげた。

(17)「幕別町図書館」(http://mcl.makubetsu.jp/)[二〇二一年九月十二日アクセス]

(18)「〝バーチャル本棚〟で貸出セットを紹介!」「幕別町図書館ウェブサイト」(http://mcl.makubetsu.jp/index.php/2014-03-26-11-05-05/285056-2014-03-25-11-28-28)[二〇二一年九月十六日アクセス]、「北の本棚――緑が編み出す幕別町の宝箱」同ウェブサイト(http://mcl.makubetsu.jp/index.php/main-kitahon)[二〇二一年九月二十四日アクセス]

(19)幕別町図書館ウェブサイト「【募集】Edit まくべつ2015 編集力養成講座」(http://mcl.makubetsu.jp/index.php/events/286240-edit-mabusa)[二〇二一年九月十二日アクセス]

(20)太田剛「新世代図書館がヒト・モノ・コトの結びつきを取り戻す」「CEL」第百二十四号、大阪ガスエネルギー・文化研究所、二〇二〇年（https://www.og-cel.jp/search/__icsFiles/afieldfile/2020/02/20/14-19.pdf）［二〇二一年九月十二日アクセス］
（21）CIPFA, *Public Library Statistics, 2018/19 Estimates And 2017/18 Actuals*, CIPFA, 2019.
（22）オガール代表取締役。一九七二年、岩手県紫波町出身。日本大学理工学部土木工学科卒業、東洋大学大学院経済学研究科公民連携専攻修了。地域振興整備公団（現・都市再生機構）入団後、建設省都市局都市政策課などで地域再生業務に従事。現在はオガールプロジェクトの中枢であるオガールプラザ、オガール、オガールセンター代表取締役として、紫波町の公民連携事業を企画・推進している。
（23）「地方から日本を変える① まちを潤す〝にぎわい革命〟」『クローズアップ現代』二〇一五年一月五日放送、ＮＨＫ
（24）猪谷千香『町の未来をこの手でつくる――紫波町オガールプロジェクト』幻冬舎、二〇一六年
（25）清水義次／岡崎正信／泉英明／馬場正尊『民間主導・行政支援の公民連携の教科書』日経ＢＰ、二〇一九年

第7章　オーフス公共図書館からヘルシンキ市新中央図書館へ
――公共図書館の新しい表情

1　図書館のルネサンスと都市間競争

近年、国の内外を問わずに自治体などの財政悪化による公共図書館の深刻な予算削減が目立つ。しかし、各地で様相を一新する公共図書館の新館が誕生している。このような動きが「図書館ルネサンス」[1]と呼ばれることがある。図書館が単なる読書施設ではなく、コミュニティを支える「社会的基盤」として、人々の学習、余暇、出会いの場になり、また提供する多様なサービスや「体験」の様子が図書館の復興を感じさせるというのである。あながち的外れな命名ではない。

好例は、アムステルダム公共図書館（二〇〇七年開館）やバーミンガム（市立）図書館（二〇一三年開館）などで、開放的で、居心地がよく、規模の利点を生かして仕事や生活から生じるさまざまな要求に対応している。図書館の内・外の景観、読書・調査研究のための豊富な資料、使い勝手がいいサービス、心地よいスペース、さらにカフェ、レストラン、レクチャーホールやシアター、そして多様で豊富なプログラム（イベント）は、図書館のサービス範囲を広げている。

世界経済のグローバル化が進展するなか、それぞれの都市が将来に向かって歩を踏み出し、しのぎを削っている。こうした新しい図書館の立ち上がりは、それに沿った動きといえる。先年アムステルダム市のハンス・ヴァン・ヴェルツェン図書館長（二〇一四年六月まで）にインタビューをした折、ヨーロッパの都市間での競争に触れ、図書館には都市の価値を高める側面があるという話に及んだ。都市の成長を論じたリチャード・フロリダの都市経済論を思い起こさせるものだった。フロリダによれば、現代都市の成長・繁栄は、過去のように企業誘致ではなく、クリエイティブ資本（つまり創造性がある職業人。先端的な技術を作り出す人々はもちろんだが、例えば日本の「カイゼン」の担い手になる、現場の人々なども）が決め手になる。そしてクリエイティブな人々を引き寄せる要因は、①技術・ハイテク産業と才能の集積、②自然と文化のアメニティ、さらに③多様性を受け入れる寛容さが都市に備わっていることだという(2)。アムステルダム公共図書館は、コレクション面で技術・ハイテク産業の需要に応じ、施設として自然と文化のアメニティを構成し、また、三番目の点に関しては、寛容を伝統とするオランダらしく性的少数者のＬＧＢＴＩ情報センターを館内に設置している。

写真3　オーフス公共図書館

2　二つの公共図書館への訪問

都市図書館の新たな動きを追って、二〇一九年の夏、北欧の二つの都市の公共図書館を訪問した。一つは、IFLAのPublic Library of the Year 2016を受賞したデンマークのオーフス公共図書館（二〇一五年開館）である。ネットでは、ベイエリアにたたずむ全体景観[3]とともに、図書館中央部のランプ（傾斜がある通路のような空間）と呼ばれるイベントスペースが紹介され、多くの関心を集めた。

もう一つは、旅行から帰った月末の国際図書館連盟総会でPublic Library of the Year 2019の受賞が最終的に決定した[4]ヘルシンキ市新中央図書館である。ヘルシンキ市立図書館といえば、二〇〇〇年にビル&メリンダ・ゲイツ財団の第一回の学習支援賞を受賞したことを記憶している人もいるだろう。そのころから、いち早くコンピューターやインターネットを住民に提供するプログラム（イベント）を実施し、多くの住民に支持されてきた。さらに、一八年十二月に開館したこの新中央図書館は、これまで図書館を訪れていなかった人々をも誘う、

写真4　ヘルシンキ市新中央図書館

新たな魅力を付け加えている。

この二つの都市図書館は、アムステルダムやバーミンガムの図書館よりも数年から十年ほどあとに開館した。それに次ぐ世代のものといっていい。

3　オーフス公共図書館

デンマークの公共図書館のすばらしさは、つとに知られている。第2章で紹介したように、二〇〇七年の地方行政改革のあおりで図書館数が激減したあとも、オープンライブラリー（職員がいない時間にも、個人IDカードで入館でき、資料はもちろんのこと、スペースや種々の機器などをセルフサービスで利用できる）を全国的に展開して利用者の減少を止めるとともに、人々の学習の支援を積極的に推し進めている。(5)

オーフス市はデンマーク第二の都市といっても、三十二万人（都市地域の人口は二十六万人）ほどの規模の自治体である。市の図書館システム（組織）は、中央図書館と十八の分館という構成である。

写真5　書架

旧中央図書館が手狭になったために一九九七年に拡張計画がもちあがり、その後の議論のなかで、新しい臨海地域の再開発に図書館も組み込まれ、結果、北欧随一の大型公共図書館（Dokk1は、その場所を象徴する、公募で選ばれたこの建物の愛称）が誕生することになった。全体三万平方メートルの大きな建造物（一万一千平方メートルは民間会社などに賃貸）で、地下に千台を収容できる完全自動化の駐車場がある（市中心部の駐車場不足を補完するためでもある。この部分も合わせると、総延べ面積は六万平方メートルにもなる）。このように、一部は日本でも珍しくはない公民連携の事業で、駐車場は経営する会社の外部資金でつくられた。

また、公共サービス部分も図書館だけではなく、市民サービス（住民登録、運転免許、社会保険などサービスの申請などを扱う）部門が市役所からここに移っている。それだけにオーフス公共図書館の

写真6　ランプ

議論は十三年間の長丁場だったが、人々（市民、政治家、スタッフ、専門家、連携パートナーなど）の対話によって案がまとめられたことが、オーフス公共図書館の核をなす価値であり、設計者シュミット・ハマー・ラーセン建築設計事務所はその議論を受け入れて設計したという。

オーフス公共図書館は、全体としてはヨーロッパ最大のバーミンガム市立図書館の三万五千平方メートルに匹敵する大きさだが、図書館占有部分は一万七千五百平方メートルである。

とはいえ、十分なスペースにさまざまな機能が盛り込まれている。三十万点のメディア（図書二十二万点、ほかのメディア八万点）のほか、全体千百席（オープンエリア六百五十席）、二つのホール、会議室、教室、オアシス（リラックススペース）十五、ラボ二十一、育児室一、研究室六、カフェなどがある。それに図書館の固有な部分でも、書架・読書スペースなどのほか、あちこちにプログラム（イベント）

写真7　ワーキングスペース

を展開するためのコーナーが設けられている。とりわけ目を引くのは写真6にみるイベントスペース、ランプが建物の中心部分に位置づけられていて、プログラムが図書館にとって主要なサービスだということを意識させる。ランプは傾斜しているが、五つの平面があって、それぞれの平面で、あるいは全体を合わせてプログラムを開催できる。プログラムは、ランプやホールなどだけでなく、図書館の開放空間の一角でも催され、月平均八十から百件のプログラムが展開されている。そのうち、六〇％は市民が企画したものだという。

これまでの図書館の機能に加えて、図書館は市民活動の場であるとして、市民、コミュニティ、協会・クラブ、会社などと連携し、サービスを協創していくコミュニティセンターのはたらきをする。もちろんほかのデンマークの図書館と同様にオープンライブラリーも展開されている（オーフス公共図書館〔DOKK1〕の場合、開館時間は、週日は八時から二十二時まで、週末は十時から十六時まで、そのうち週日の八時から十時と十九時以降がいわゆるオープンライブラリーの時間帯）。

オーフス公共図書館で実現された建築・設備などのハードは、時代の要請に沿った、市民のニーズに柔軟に対応する展開になっている。これまで以上に開かれた公共空間として、あるいは家庭と職場の間のサードプレイスになり、似通った人同士やあるいはまったく異なった人々の出会いをきっかけに、コミュニティを育んでいく場として図書館が再定義されている。印象的な建物中央のランプだけでなく、子どものための遊び場、家族が一緒に過ごせる場の多さに驚かされる。一方で、伝統的な図書館サービスもおろそかにされてはいない。

目を引くのが資料管理のシステムである。資料をどのように配置するかの在庫管理が分館を含めてきちんとできていて（いまのところ半自動）、それをゆくゆくは利用者のニーズに沿って資料に誘導できる、ＡＩを活用したスマートライブラリーに仕立てようとしている。二〇一九年六月にも四十四カ国から四百人ほどの参加者を得て、Next Library 2019という国際会議がこのオーフス公共図書館で開催された(6)。オーフス公共図書館の未来への視線も熱い。

4　ヘルシンキ市新中央図書館

ヘルシンキのヴァンター空港からの電車がそろそろ中央駅に到着するというタイミングで、木造船のような起伏があるヘルシンキ市新中央図書館が右手に見える。ダウンタウンはターミナル駅の

写真8　1階のコートヤード

前面に展開しているから、側面のそのあたりは以前はまったくの空き地だったところだ。少し離れた一段高いところにフィンランド議会の建物がある（議会と図書館テラスとが同じ高さになるようにつくられた。図書館も民主主義の象徴である）。近くのフィンランド音楽センターやヘルシンキ現代美術館、フィンランディアホールなどがヘルシンキ市新中央図書館とともに中間の緑地を囲み、いまではこの界隈がとても快適な文化的な地区に大変貌した。

　ヘルシンキ市新中央図書館の設計は、五百四十四件の応募のなかから、二〇一三年に街頭に掲示されたトップ六件の候補に対して、市民が意見を寄せるという手続きを経て、ヘルシンキにあるＡＬＡという（ＡＬＡとはアメリカ図書館協会の略称だから、図書館関係者だと「えっ？」といいそうな名の）建築事務所の提案が選ばれた。建築的な視点でヘルシンキ市新中央図書館をみるには、このＡＬＡのウェブサイト[7]がいい。オーフス公共図書館でもそうだったが、北欧では住民参加による施設計画はごく当たり前のことである。二年前のポーランド・ヴロツワフでおこなわれた国際図書館連盟総会でも、ヘルシンキ市の図書館分館の運営に住民が実質的に携わる報告[8]を聞いて、住民の成熟した関与に感心させられたことがある。

ヘルシンキ市新中央図書館の計画に関しては、十年ほどの準備期間中に、市民との議論が積極的におこなわれた。新しい図書館のために二千件以上のアイデアが市民から寄せられた。それを反映させ、ヘルシンキ市新中央図書館の中核になる考え方は、次のようにまとめられた。

①開かれた、非商業的な公共スペース
②より高機能になっていく社会に対応する情報とスキル
③住民自身がつくる豊かな都市生活経験
④本による新たな生活（トーロン湾の読書の家[9]）

ヘルシンキ市新中央図書館の愛称 Oodi とは Ode のことであり、フィンランドの図書館、読書、民主主義、そして表現の自由への賛歌という意味で、この施設は、フィンランド図書館法（二〇一七年改正）が規定する「教育と文化へのすべての人のアクセスの機会平等」「生涯学習とコンピテンス開発」「活動的なシチズンシップ」を推し進めるためのものだという。

さて、ヘルシンキ市新中央図書館の建築総面積は約一万七千平方メートルだが、使えるスペースは一万平方メートルで、その九八％は利用者に開かれたスペースである。

写真9　1階の入り口レセプション

構造は橋梁のような骨組みで、一階は橋の下、二階というかミドルフロアーは二重の橋の間、三階は橋上で、それに屋根がついているようなつくりである。森林資源の豊富なフィンランドらしく、一階はトウヒ材を、二階はカバ材、三階はオーク材、そして三階テラスはマツ材など、木材をふんだんに使っている。

一階には入り口、インフォメーションのほか、集会やガラコンサートができるホール、イベントルーム、レストラン、映画館があり、また屋外の開放的なコートヤードには、子どもの遊び場、ジャズやロックの小さな演奏用のステージやバスケットコートなどがあって、催しは屋内でも屋外でもおこなわれる（写真8）。

二階は学習のスペースである。これまでどおり静寂な学習室もあるし、そうした「ディープワーク」のためのスペースだけでなく、共同作業ができる「コワーク」スペースも用意されている（写真10は、

写真10　2階の階段状スペース

その一部として使われている階段状の空間）。一方、じかに手で触れて学ぶスペースでは、３Ｄプリンター、レーザーカッター、ミシン、刺繍ミシン、そのほか、生活で使うさまざまな電気器具が備えてある。人々がここでモノをつくったり修理などをしたりするための作業場であり、また子どもたちが工作をして学ぶ場でもある（写真11）。

ユニークな試みとして、多感覚スペース（「キューブ」）があり、イベントやゲーム、あるいはブレインストーミングに使い、今後の問題を検討する場合には「フューチャーセンター」（中長期的な課題を多様なステークホルダーがオープンに対話する場）になる。

三階は、書架が並ぶ図書資料のスペースである。船のように床が両端の上のほうにそっていて、一方の端は子どもたちのエリアである。前面（写真12）では親子が絵本などを開いてくつろいでいる。お話会のエリアは奥まったところにあり、その屋上は乳幼児たちが走り回ることができる（写真13）。起伏があってかなり広く、すべての年齢の子どもたちと家族の広場である。

そこから大人のエリアが続いていて、カフェと職員がいる島状のカウンターが中央にある。アコースティック（防音）がよ

写真11　2階のメーカースペース

写真12　親子のエリア

写真13　天井の上に乳幼児の広場、その下がお話コーナー

く、子どもたちのエリアが同じ階にあることが全然気にならない。この書架と椅子が配置されたリーディングルーム全体が、実に快適な空間になっている。

ヘルシンキ市新中央図書館のこのリーディングスペースに入ったとき、その少し前に訪問した日本のある新築の図書館を思い浮かべ、違いの大きさに驚いた。これは図書館を知悉したプロの仕事だと思った。空間のボリューム感、色の使い方、光と音への配慮がうまくなされ、そして良質な家具や植栽が配置されている（写真14）。また、西側に広大なテラスがあり、夏の心地よい日差しのもと、屋外の座席で読書やおしゃべりを楽しむ人々でにぎわっていた。

もう一つは、ロボットたちである。アームがついていて、本を持ち上げて整理棚に並べるバックヤードのロボットもあるが、利用者がときおり目にするのは、返却資料を積んで地下からエレベーターに乗って三階まで運んでくる姿である。それに、そのロボットと同じ形の、目がついていていてかわいらしいロ

写真14　3階のリーディングルーム

写真15　案内ロボット

ボット（写真15）が、三階に上がったところで利用者を待ち受けていて、上部のスクリーンに質問を入れると、資料のありかまで導いてくれる。

図書館のロジスティックスや案内にロボットを採用するアイデアは珍しくはない。しかし、これらのロボットはかなり洗練されていて、障害物や人を避け、資料を目的位置まで運んでいくだけでなく、利用者を書架まで誘導する。そのためには、ロボットが資料のありかを知っていなければならない。それを実現しているのは、図書館情報システムとの統合である。システムがきちんと所在のありかまでを管理できているということである。

なお、このロボットとは別に、図書館情報システムの資料所在の把握は、中央図書館内資料だけではなく、ヘルシンキ市図書館の全体にわたっている（オーフス公共図書館での同じような試みは前述）。そして二〇一九年五月からＡＩによる資料管理システムの運用を始め、すべての図書館の資料は、ＡＩが利用の状況を判断し、どこに置くか決定するようになった。[10] 情報提供サービスは、各館所蔵の範囲ですむのではない（ヘルシンキ市新中央図書館のコレクションは十万点だから、ヘルシンキ地域の「Helmet」という図書館ネットワークを使う。それには百九十万点）。利用者が必要とするものが自館になければそのありかを探し、見つけ出したらいち早く利用者に届けるサービスが用意されている。

人々はヘルシンキ市新中央図書館の入り口に、ひっきりなしに吸い込まれていく。開館以来、一日に八千人もの来館者があり、年換算すれば、二百五十万人に達する。開館時間は週日八時から二十二時、週末十時から二十時である。プログラム（イベント）はあちこちでおこなわれ、レストランやカフェもにぎわっている。研究や学習に真剣に取り組む人、モノづくりの手法を職員に尋ねている人、書架の間のゆったりとした空間で読書にいそしむ人、テラスで談笑する人、いろいろな人が思い思いに図書館がある生活を楽しんでいる。これが、現代版図書館ルネサンスの一つの到達点といえるかもしれない。その基本姿勢は、人々に分け隔てなくそれぞれに必要な対応をすることである。

今回の訪問については、休暇シーズンにもかかわらずオーフス公共図書館のオーヴェ・ラディング氏、ヘルシンキ市新中央図書館のカリ・ラムサ氏に案内していただいた。厚くお礼を申し上げる。

注

（1）"Future Libraries: Workshps Summary and Emerging Insights," ARUP, 2015.（https://www.arup.com/perspectives/publications/research/section/future-libraries）［二〇二一年三月二十八日アクセス］

（2）Richard Florida, *Cities and the Creative Class*, Routledge, 2005.（リチャード・フロリダ『クリエイティブ都市経済論――地域活性化の条件』小長谷一之訳、日本評論社、二〇一〇年）

（3）"The winner of the Public Library of the Year Award 2016," EBLIDA.（http://www.eblida.org/news/the-winner-of-the-public-library-of-the-year-award-2016.html）［二〇二一年九月十二日アクセス］

（4）"Public Library of the Year," SYSTEMATIC.（https://systematic.com/library-learning/awards/public-library-of-the-year/vinder-2019/）［二〇二一年三月二十八日アクセス］

（5）Bo Gerner Nielsen, Pia Borlund, "Public libraries and lifelong learning," *Perspectives of Innovations, Economics and Business*, 14(2), 2014, pp. 94-102.

（6）"All about Next Library 2019,"Next Library.（http://www.nextlibrary.net/all-about-next-library-2019）［二〇二一年三月二十八日アクセス］

（7）"Helsinki Central Library Oodi," ALA.（http://ala.fi/work/helsinki-central-library/）［二〇二一年三月二十八日アクセス］

（8）Saara Ihamäki, Antti-Ville Reinikainen, "Power to the people: a key to develop attractive, functional services of the new era," Paper presented at IFLA WLIC, 2017.

（9）Kari Lämsä, "The story of Oodi,". (http://eru.lib.ee/images/stories/ettekanded/181018-Lamsa.pdf)〔二〇二一年三月二十八日アクセス〕

（10）"Helsinki City Library will be introducing an AI-based Intelligent Material Management System," HELMET. (https://www.helmet.fi/en-US/Events_and_tips/News_flash/Helsinki_City_Library_will_be_introducin(186937))〔二〇二一年三月二十八日アクセス〕

資料　「図書館のインパクト評価の方法と手順　ISO 16439:2014」

図書館の評価は、まずは活動統計の把握や処理性能など、その規模やパフォーマンスを確かめ、最終的には、図書館が学習や調査研究をどのように支援しているか、当該コミュニティをどのように支えているか、さらには経済効果などにどのように影響を及ぼしているかなど、図書館が与えるインパクトの把握ができるのが望ましい。

公的な機関として説明責任を果たすために、図書館の評価は、日本でも図書館法第七条の三に定められている。どのように評価を実施するかの目標や手法に関しては、標準化を要するものであり、国際標準化機構（ＩＳＯ）では、品質管理に関するISO 9000シリーズが一九七九年末につくられて以来、図書館統計（ISO 2789）や図書館パフォーマンス（ISO 11620）の規格を決めた。その結果、日本でもこれらについてＪＩＳ（日本工業規格）化がおこなわれた（それぞれJIS X0814とJIS X0812）。ぜひともこれらの標準に沿って図書館活動の把握などに努めてほしい。

インパクト評価に関してはその効果や手法などが多岐にわたるため、二〇一四年になってそれまでの事例に基づきISO 11620「図書館のインパクト評価の方法と手順」が作成された（二〇一九年に見直し確認）。国内的には、まだＪＩＳ化にはいたっていない。とはいえ、ここに盛り込まれている内容は、図書館運営にとってきわめて重要であり、いろいろと役立つことだろう。そのうちの図書館が及ぼすインパクトについて、ISO 11620にあがっているものを要約してリストとして所収する（出典はISO 16439:2014 Information and Documentation――Methods and Procedures for Assessing the Impact of Libraries.）

図書館がもたらすインパクト

図書館は、次のような四つの領域でインパクトを及ぼす。

一、個人（学校のクラスやコミュニティでの集団としての場合を含む）に対するインパクト
・スキルやコンピタンス（力量）の変化（図書館や情報機器の使い方、情報リテラシーなど）
・態度や行動の変化（読書のあり方や情報資源の習熟に関するレベルアップなど）
・研究、学習、さらにはキャリアーでの成功（調査研究方法や批判的思考の獲得、学習成績の向上などによるキャリアーアップなど）
・満足のいく生活状態の確保（安全で満足できる場所やコミュニティへの所属感の獲得など）

二、親機関（図書館を設置した上位機関）などへのインパクト
・親機関の威信が向上（ランキングの上昇、資金が集まり、多くの人をひきつけるような効果など）

三、社会的インパクト
①社会生活へのインパクト：社会的包摂、つまり社会の異質とみなされる人々（外国人、障がい者、経済的困窮者など）をコミュニティに組み込み、共生する。コミュニティの連帯性を高め、社会的な結び付きを強化する。
②情報と教育への関与：人々の社会への関与を支援するため、政治、社会、科学、経済、政府、そして文化的な情報への無料アクセスを提供する。料金をまかなえない人々へのインターネットの無料アクセスを提供する。教育や生涯学習への人々の参加支援を促し、子どもたちのリテラシー教育をおこなう。
③地域の文化と固有性：地域の文化や歴史を、展示やイベントによって普及させ、地元の情報を提供し、かつ交流の場所を提供する。
④文化的多様性：各文化的遺産とその多様性の維持を支援する。
⑤コミュニティの展開：コミュニティを支える広汎な活動のための拠点になる（例えば、環境問題や健康問題への周知、交通安全や個人の福祉などの活動）。
⑥個人の福祉：人々が交流するための、安全で、静かな快適な場所を提供する（コミュニティへの帰属感、社会的秩序・治安への貢献）。

⑦文化的遺産の保存：価値がある資料を遺産として保存する。

四、経済的インパクト：図書館がもたらす経済的な影響、これは、次の二つの視点から把握される。

①図書館経営にとって投入された資金に見合う見返りがあったかという投資収益率ＲＯＩ（Return on investment）として算定される便益額

②図書館のもたらす経済活動への影響を広く把握するもので、例えば、経済主体としての図書館の資源調達や雇用、そして間接的な、図書館が集める観光客や外部資金を合わせた額

あとがき

「株式会社 未来の図書館研究所」という名刺を渡すようになって、受け取ってもらった相手のとまどった雰囲気を感じることがあります。「株式会社」が与える違和感もさることながら、「未来の図書館」という未知なものを研究所の名称にしたことが大きいようです。「未来の○○」とは誰もが関心を寄せるところで、図書館に関する会合などでもしばしば掲げられるテーマですから、当然、どんな活動をしているかを尋ねてみたくなるところでしょう。

私たちの未来の図書館研究所も、初年度に「図書館のゆくえ――今をとらえ、未来につなげる」をテーマにシンポジウムを開催し、またたくうちに五年ほどの月日がたちました。本書には、ほぼこの間につづったいくつかの文を取りまとめました。ねらいは、今後の図書館のゆくえをとらえて変わりゆく状況に対応するためです。日本の現状は、二十世紀の後半の成功のあと、少し停滞してしまったように思えます。そのため、私たちの考え方が固定化しているかもしれません。これまでの枠を取り払って、視野を広げ角度を変えて見つめ直す必要もあります。ですが、最近のコミュニケーションアプリの情報流出リスクをめぐるニュースにみられるように、ある種の「合理性」によって無原則に振る舞ってしまうのは危険です。公共図書館はあらゆる知識・情報を人々に的確に伝えるという使命をもち、コミュニティの人々のよりどころになるという役割を踏まえ、いくつか問題に焦点を当ててみました。

末尾ではありますが、謝辞を記します。

本書の出版にいたるきっかけはこの研究所に勤務したことです。研究所の設立など、さまざまにお世話くださった小川功次氏、林秀和氏をはじめとする関係者諸氏にあらためてお礼を申し上げます。また、本書を構成するにあたって、シンポジウムの発言内容を「図書館への提言」として所収することに快く承諾いただきました吉本龍司氏、太田剛氏、岡崎正信氏にもお礼を申し上げます。三氏の提言の内容は興味深く、読んでくださったみなさまにとって必ず糧になるものと思います。

本書の企画をつくってくださった青弓社の矢野恵二氏には、本当に長く待っていただいただけではなく多くのアドバイスをいただきました。本書があるのは矢野氏と編集を担当してくださった半澤泉氏のおかげです。それに、研究所の同僚の牧野雄二さん、木村瞳さん、編集を手伝ってくれた磯部ゆき江さんに感謝します。

各章の初出のタイトルとそれぞれに施した加筆などは、次のとおりです。

第1章「未来の図書館のエコシステム」(「未来の図書館研究所 動向レポート」Vol.2「未来の図書館のエコシステム」二〇一七年三月)を改稿

第2章「公共図書館サービスの再検討」(「St. Paul's Librarian」第二十八号、立教大学学校・社会教育

講座司書課程、二〇一三年）などを改稿
第3章「日本の公共図書館をどう育てるか――システム規模を考える」（「人文会ニュース」百二十四号、人文会、二〇一六年）
第4章「公共図書館とコミュニティ」（「情報の科学と技術」二〇一四年十月号、情報科学技術協会）を改稿
第5章「図書館の技術動向――「ホライズン・レポート2017図書館版」」（「『ホライズン・レポート2017図書館版』について」「未来の図書館研究所 動向レポート」Vol.5、二〇一七年十二月）を改稿
第6章「未来の図書館に関する提言」（未来の図書館研究所シンポジウム第1回―第3回〔二〇一六―一八年〕）から抜粋して再編
第7章「オーフス公共図書館からヘルシンキ市新中央図書館へ――公共図書館の新しい表情」（「Dokk1 から Oodi へ――公共図書館の新しい表情」「未来の図書館研究所 動向レポート」Vol.6、二〇一九年十月）

［著者略歴］
永田治樹（ながた はるき）
1944年、愛知県生まれ
筑波大学名誉教授、未来の図書館研究所所長
専攻は図書館情報学
著書に『学術情報と図書館』（丸善）、編著に『図書館制度・経営論』『図書館経営論』（ともに日本図書館協会）、共著に『世界のラーニング・コモンズ――大学教育と「学び」の空間モデル』（樹村房）、訳書に Peter Hernon ／ John R. Whitman『図書館の評価を高める――顧客満足とサービス品質』（丸善）、共訳書に英国文化・メディア・スポーツ省編『将来に向けての基本的考え方――今後10年の図書館・学習・情報』、英国図書館情報委員会情報技術ワーキング・グループ『新しい図書館――市民のネットワーク』（ともに日本図書館協会）など

公共図書館《こうきょうとしょかん》を育《そだ》てる

発行――――2021年10月21日　第1刷
定価――――2600円＋税
著者――――永田治樹
発行者――――矢野恵二
発行所――――株式会社青弓社
〒162-0801 東京都新宿区山吹町337
電話 03-3268-0381（代）
http://www.seikyusha.co.jp
印刷所――――三松堂
製本所――――三松堂

ISBN978-4-7872-0078-5　C0000